未来を切り拓く若者たちへ

志は高く 目線は低く

久保利英明

財界研究所

目次

プロローグ

1968年4月13日、司法試験に合格したばかりの23才の東大生が単身、リュックサックと寝袋を担いで横浜港を出発した。

ソ連のナホトカを皮切りに、北欧、スイス、フランス、スペイン、イタリア、ギリシャを経由して5月26日にアフリカに入った。7月23日まで約2カ月間、北アフリカから東アフリカを彷徨した。8月4日から8月31日までをインドで過ごした後、貨物船でタイ、香港を巡って、その年の9月27日横浜に帰港した。

この書物は、大昔にわたしがたどったユーラシア・アフリカ放浪の旅を、50年近くたった今、手帳や日記をベースに記憶を呼び起こし再現したものである。

旅の重点は、最初はアフリカであった。なぜアフリカなのか?

当時、日本人の意識からアフリカは完全に欠落していた。奴隷貿易と植民地支配により黒人がどれほどの苦難を背負わせられたか、日本人は無関心であった。

今でも、野生動物への関心を持つ日本人は多いが、アフリカに暮らす人々に心を寄せる日本人は稀である。だが、わたしはアフリカを暗黒大陸にしたのはヨーロッパであり、アジア・アフリカ抜きに世界は成り立たないと考えていた。そこで旅はヨーロッパから始めることにした。

開成高校・駿台予備校・東大を通じての親友、大岡俊明君の影響もあった。彼はアフリカ史研究者で「地球社会からアフリカが抜け落ちている。正しい世界を知らずして、日本が分かるか。黒輪（＝アフリカ）のない五輪大会など考えられないのに」が持論だった。「なるほどアフリカは行ってみなけりゃ分からない。現地で人と風土と空気に触れなければ、西欧の視点から独立したものの見方はできない」

そもそも日本人によるアフリカ本は野間寛二郎先生の子供向けの本1冊だけだった。

出発前に、堀田善衛の『インドで考えたこと』（岩波新書）を読んで、日本や中国、ヨーロッパが束になってかかっても、捉えられないのがインドだと知った。

アフリカの帰りにインドも見たい。

地理的にも感覚的にも日本から最も遠く、精神文化的にも経済水準的にも最も隔絶していると思われたのがアフリカとインドであった。この両地域を歩いてみなければ、自分の世界観は確立できない。そして自立した思想のない者は自立した人生を持ち得ない。

このまま司法修習に行き、弁護士になったら、そんな時間は今後一生、取れまい。司法試験には現役で受かったから、1年間、修習を遅らせても、同級生と一緒だ。中学生になる頃から投資を始めた株券を全部売り払えば費用は何とかなる。命がけだとしても、死に損なった経験は、危険と背中合わせの弁護士には必須だ。仮に、死んでも、天命だ。と、都合の良い理屈を重ねて、株券を担保に父親から資金を借りて、勇躍スタートした結果が本書である。果してどうなったか、どうぞ、本編をお読みいただきたい。

わたしは祖父母から「井の中の蛙」を戒められ、母からは「山よりも大きい猪は出ない」と背中を押されてきた。

「そうだ、チャレンジしよう」

人生の終盤71才になって、旅からほぼ50年もたって、書き終えたのが、本書である。

わたしの全著作（共同・分担執筆を含む）の71冊目として本書は刊行されることと

なった。この本によりわたしはエイジライター（年齢と同一冊数以上の本を書いた人物を称するわたしの造語である）となった。

旅行記として参考にされるにはいささかトウがたってしまったが、若い方々の人生指南書としては、決して古くはなっていないとの自負はある。

是非、ご批判、ご叱正を賜りたい。

2016年1月吉日

著　者

第一章　一人の若者として

毎日がせわしなく流れていく時代だからこそ

戦後70年を迎えた日本。近頃、何かがおかしい。

母親が生まれたばかりの赤ん坊を虐待したり、親が子供を殺したり、そのまた逆だったり。猟奇的な殺人事件が毎日のように報道されるし、人にぶつかっても謝ろうとしない。学校でも職場でもまともに挨拶さえできない人たちが何と多くなってしまったことか。確か、２０１３年にアルゼンチン・ブエノスアイレスで、２０２０年の東京オリンピック・パラリンピック開催が決まった時のキーワードは「おもてなし」だったはずだ。それが本当に今の日本にあるのか？　老若男女問わず、「人としてどうなんだ？」と言いたくなるような日本人を数多く見かけるようになった。

海外もまたしかり。世界中でテロが頻発、欧州では内戦が続くシリアなどからの難民や移民の流入が続いている。日本では電機大手・東芝が、ドイツでは自動車大手・フォルクスワーゲンがスキャンダルまみれである。

インターネットやスマートフォンが普及するにつれて、いつでもどこでも世界中の情報が収集できるようになった。今やワイ・ファイのおかげで、どんなひなびた国でもホテルではインターネットが使えるから経済はグローバル化し、国境を超えたヒト・モノ・カネの活動が常態化。様々な人々が世界中を行きかうようになった。ある意味、グローバル化で世界は狭くなったといっていい。

しかし、出身地や言語、文化、肌の色が異なった人間同士が接触するということは、好むと好まざるとに関わらず、時として価値観の対立を生んでしまう。

過激派組織「イスラム国」に代表されるテロリストの行動は決して許されるものではない。しかしながら、これも根底にあるのは価値観の対立だと思う。彼らにしてみれば、自分たちが信じているイスラムの教えに反しているアングロサクソンの欧米人がなぜ、これだけ世界中にはびこっているのか。金融資本主義の天下となり、世界の富の大半は大金融機関に吸い上げられている。やっぱり、我こそが正しい世界をつくらないといけない。こう確信した上での行動なのだと思う。

彼らはイスラム教義をえらく偏頗に理解して、教えに背いた者は殺していいんだという思いで残虐な刑罰を与えたりする。昔であれば、外人だから自分たちとは違って当たり前だとか、少々自分たちのルールと違うことをやっても仕方がないじゃないか、というような一種の寛容さがあったように思う。

ところが、今は文化が妙に統一されてきて、多様な文化の共存がしにくくなっている。金銭が価値の源となり、英語が共通言語となった。自分たちの異端性こそ正統と誤解し、欧米人や時には日本人の首をも掻っ切って殺したりする。地球上に共存すべき人類としては失格である。

人間が劣化する原因の一つには、まず貧富の差があるだろう。

一つの国の中で貧富の差もあるし、世界的に見れば貧しい国は徹底的に貧しく、豊かな国は徹底的に豊かになっている。そうした状況にあって、貧しい国に住んでいる人たちの中には、被差別感やある種の敗北感のようなものが芽生えてくるのかもしれない。自分たちの文化や宗教は非常に尊いという精神的な価値観があるのに、富の格差だけが厳然としてある。そうした富の配分のアンバランスさに対する怒りが、テロリストたちの偏った考え、行動につながっているのかもしれない。

だから、世界の平和や協調を考えるうえで大事なことは、こちら側も彼らの行動に対して思いをいたさなければならない。彼らをクレイジーだといって切り捨てるのは簡単だけれども、だとすれば、なぜ彼らはクレイジーになっているのか。それは何とかならないのか。その人たちの気持ちになってどこまで本気で考えたのか、ということだ。イギリスやフランスは、そして日本はクレイジーであったことはないのか。シリアの混乱は英仏が勝手に国境線を引いたことに起因する。第1次大戦時、英仏密約でアラブ人からシリアをとり上げフランスに割譲したことがパリテロの遠因かもしれない。

戦争だって同じ理屈だ。後世の歴史で正しいと認められるか、認められないかは分からないけれど、その当時はみな真剣に相手が悪いと思い込んでいる。特攻で尊い命を無くされた方々だって、恐怖心と戦いながら、俺は日本のために行動しているんだ、後に後輩が続くんだという気持ちで突っ込んでいったのだろう。それが本当に「ジハード」かどうかは別にして、自爆テロの戦士も同じ気持ちかも知れない。

ところが、戦争に負けて冷静に振り返ってみた時にはじめて真実に気づく。お前たちにも非はあったと思うけど、自分たちにも非はあったよなと。これは一定の時間が経たないと分からないことではあるけれど、毎日がせわしなく流れていく時代だからこそ、一瞬時を止め、自分の足元を見つめることが必要なのではないかと思う。

先へ、先へと進むことは大事なことである。しかし、一度立ち止まって周りの状況を冷静に分析し、時代の先を読むと同時に、今通ってきた道は間違いではなかったか。振り返ってみることも大事ではないかと。戦争は次の戦争を呼び、底なしの憎しみの連鎖にからめとられて行く。そんな世界は今、急に始まったことではない。イギリス植民地支配下のケニア解放に立ち上ったゲリラ闘争は植民地政府からは「マウマウ団」と呼ばれ、リーダーのケニヤッタらはならず者扱いをされた。若者は自らの足で事実を探り自分の頭で考えなければならない。そのことは今も昔も変わりない。そんな思いにかられて、50年近い昔のわたしの行動を振り返ったのが本書である。

なぜアフリカだったのか

わたしは埼玉・大宮で久保利家十三代目として生まれた。祖父が始めた質屋は落ちぶれた士族の「武家の商法」でもつとまる堅い商売だったのだと聞いた。祖父母に両親、そして弟、妹、わたしの7人家族。なんとなく大人の役割が決まっていて、父は質屋の店番をし、母と祖母が食事の支度など家事全般。父が食事をする時は母が代わって店番をし、祖父は専らわたしの教育係をつとめてくれた。

小学校に上がる前から毎年、夏休み期間にあたる40日間、夏は千葉の興津海岸（勝浦市）で旅館を一部屋借り切って滞在した。夏休みの初めには大宮から一番電車に乗って両国へ行き、両国でまた電車を外房線に乗り換えていった。父と母は大宮で店をやっているからお盆くらいしか千葉には来られなかったけれど、わたしたち兄弟と祖父母はずっと一緒。宿題や絵日記はさっさと済ませて、毎日祖父と一緒に泳いだり、山に登ったり40日間好き放題遊んでいた。今から思えば、わたしはお坊ちゃまそのものの生活をしていた。

ちなみにわたしが黒いのは別にハワイで日焼けしたからでも、日焼けサロンに通っているわけでもなくて、子供の時に千葉でさんざん日焼けして地肌をきたえたからだ。当時、興津の海辺では日焼け大会があって、漁師の子供たちと比べてもダントツにわたしが黒かったから毎回1位をとっていた。

小学校の頃からわたしは勉強が好きだった。新しいことを覚えていくことが大好きで、よく勉強したし、いたずらもした。開成中学に入ってからは、水泳部やラグビー部に所属し、活発に動き回っていた。

高校時代の同級生で大岡俊明君という親友がいた。生徒会長を順番にこなした。彼は東京大学に進学してアフリカ史を専攻し、その後、一貫して駿台予備学校で世界史の講師をつとめた変わった男である。

この大岡君が当時、アフリカについて熱烈に関心を抱き、熱心に研究をしていた。わたしもよく「お前はアフリカについてどう思う?」と聞かれたりしていた。

学校の授業では、世界史と言いながら古代ギリシャ、ローマ、中世ヨーロッパ、そして中国やアメリカの話はよく出てくるのに、アフリカの歴史は全く出てこない。日本人の心の中からまるでアフリカという地は欠落しているけれども、あんな広い大陸があって、何億人もいる人民を無視してこの国は本当にやっていけるのか。アジアは確かに大きいかもしれないけれども、アフリカはひょっとするとアジアを抜くかもしれない、と彼は言う。

アフリカでは「アフリカの年」と言われた1960年を皮切りに次々に植民地が独立していった。イギリスの植民地だったガーナが独立し、独立運動のリーダーだったエンクルマが初代大統領に就いた。その後も次々とアフリカ諸国がイギリスやフランスなど、宗主国だったヨーロッパの国々から独立していった。この勢いだと日本はいつかアフリカに追い抜かれる。沖縄はまだ米軍統治下にあった。

そうした時代の大きなうねりの中にわれわれはいるのに、大岡君以外誰ひとりアフリカのことなんか知らないし、知ろうともしない。南アフリカ共和国では強烈なアパルトヘイト（人種隔離政策）があって、人種差別が横行している。それなのに、日本人はぬくぬくと「Ｈｏｎｏｒａｂｌｅ　Ｗｈｉｔｅ」と言われ、「名誉白人」だなんて訳して悦に入っている。彼は「こんなの同じ人間なのにおかしいと思わないか？」と言うのだ。

人種差別はいけない、ということは子供でも分かる論理だ。ところが、白人たちが黒人たちの故郷を乗っ取り、植民地として支配していく。それに対して、現地の黒人たちは「俺たちの国だから明け渡してくれ」といって戦っている。

アパルトヘイトの撤廃を要求した現地の黒人たちが立ち上がり、組織化されたのが、ＡＮＣ（アフリカ民族会議）であり、ＦＲＥＬＩＭＯ（モザンビーク解放戦線）だった。いわば、正義をつかむための戦いである。今のテロリストは全くの別物だ。

今のテロリストたちにとって、本来の目的とは何なのだろうか。

彼らの教義解釈によると正しいことをしているようだけど、他の人たちが客観的に見て、いったい誰のために、何のために動いているのか全く分からない。人種差別はいけない、民族解放だという世界に通用する大義を持って戦っていた当時の彼らと、人々を幸せにする大義があるようには決して思えない今のテロリストとでは、戦いの意味が全然違う。決して正義とか大義がなく、単純にその土地を自分たちが牛耳ることだけを目的にしているかのような連中とは全く違う次元の戦いを、人間としての尊厳を取り戻すために解放闘争の人たちは繰り広げていた。

大岡君の情熱にほだされ、わたしも「アフリカとは何なのか。今のうちにアフリカというものを現地で直に見聞きしなければならないのではないか」と思うようになった。

このままいくと、20世紀の後半はアフリカの時代が来る。そうなった時には南アフリカ共和国も解体して、黒人がトップをとる時代がやってくるだろう。そうなった時に今、解放闘争している人たちの気持ちが分からなければ、日本は世界とアフリカの架け橋になれないのではないか。

もちろん、現実にはそんな事は簡単に運ばないのだけれども、当時は子供だったから、わたしなりに本気でそう思ったのだ。

そこで東京大学に入学した後、わたしは大岡君と一緒に「アフリカ行動委員会」なる組織を立ち上げ、解放闘争の支援活動を行ったりしていった。6月26日を「フリーダム・デー」と呼び、デモを組織したりして、南アフリカ大使館にデモをかけたりした。

ヘルメットをかぶって乱暴なデモをやるわけではないし、どこかの政党や思想団体に所属しているわけでもない。とにかく、有色人である日本人としてアフリカのことを真剣に考えよう、としていた。アジア人であるヴェトナム人を殺りくする米軍の下僕のような日本であってはならないと考えた。

遠い国アフリカへの思いはくすぶりつづけた。早くアフリカに行こう。弁護士志望なのだから早く司法試験に受かろう。その念願がかない、大学4年生で司法試験に現役合格した。アフリカで自分を鍛え直そう、立派な弁護士になるためには命がけの経験も必要だ。

勇躍、アフリカ渡航の準備を始めることとした。

しかし、周りからは「司法試験に現役合格したのだから、さっさと立派な弁護士になればいいじゃないか」と何度も言われた。

そもそも立派な弁護士というのは何が条件なのか？

今から考えれば、論理的能力と問題解決能力、そしてコミュニケーション力を含めた人生の叡智の総和で評価されるものだ。若くて司法試験の成績が良いからというだけでは、かろうじて論理的能力が少しはあるのだろうという程度である。実践的解決力と人生の叡智が無いものは優れた法曹家とは言えない。これから一生かけて身に付けて行くべきものであろうが、世界も知らず、一人暮らしさえしたことのない23歳の自分はいかにも頼りない存在である。半年くらい武者修行は必要だ。

ところがこの話を両親に切りだした時には、さすがに父から怒られた。父は「せっかく難しい試験に受かって、これから弁護士になろうかという大事な時にアフリカに行って死んだらどうするんだ」という。実にもっともな話なのだが、わたしは何としても行きたかった。

救われたのは母の一言だった。「面白そうじゃないか、行っておいでよ」あまりにあっさりと言うものだから、わたしが「結構危ないんだよ」と言うと、母は「3人も子供がいるんだから一人くらい仕方ないよ」

本気だとは思わないけど、母はそういう冗談をあっけらかんと言ってのける人だった。

母は高校生の頃からわたしがアフリカに興味を持っていることは知っていたし、基本的にわたしのことを信用してくれていた。放任主義とも違うが、わたしが本気で考えて何かしたいという意思表示をした時に止められたことは一度もない。「反対だ」というのはいつも父の役割で、母は冗談にまぎらせていつもわたしを応援してくれた。

ちなみに父の血液型はA型で、母はO型。父はすごく細かかったけれど、母は大雑把。今から考えると、そういう絶妙なDNAのバランスの二人の間に生まれ、育てられたことがわたしの人格形成に影響しているのかもしれない。

結局、わたしは1968年の4月から9月末までの半年間、横浜港を出発し、ナホトカ、ハバロフスク、モスクワ経由でヨーロッパを回り、アフリカに入った。その後インド経由で帰国するのだが、その間、食べるもののないことはあったが、日本食や米を食べたいと思ったことは無かった。ただし、ラーメンだけは何度か食べたくなり、インド以外ではだいたい似たような麺に巡りあえた。

ロシアのハバロフスクで84キロあった体重は、約6カ月後に帰国した際には62キロになっていた。時々、両親に手紙を出して痩せた旨は伝えていたのだけれども、やはり母は変わり様に驚いたようで、船の着いた横浜でお寿司を腹いっぱい食べさせてもらった記憶がある。

とにかく、１９６８年当時の世界は革命的な雰囲気に満ちていた。パリはゼネストと学生運動で燃え盛り、ベトナム反戦運動は米国から世界中に広がった。時には生死にかかわるような体験もしたおかげで、後に総会屋などと渡り合った時も恐怖心が芽生えることは一度もなかった。苦しくなった時、辛いなと思った時、いつもわたしの心の支えになったのは、「あの時のアフリカ旅行の経験に比べれば大したこと無いよ」という自信と自負である。

結果的にわたしは生きて帰って来たから良かったけれど、仮に途中で死んでいたり、つまらない殺され方をしていたとすれば、周りからは「久保利はなんでアフリカなんかに行ったんだ、単なる犬死じゃないか」という一言で片づけられてしまったかもしれない。

ただ、それでも自分の思いとしては犬死などではない。そういう生死に関わるような体験をしなければ世界は見えないし、立派な弁護士にもなれないと思っているわけだから。それは殺されたら悔しいだろうけれど、仕方ないことだったと思えるはずだ。結果的にわたしが立派な弁護士になったのかどうかはわたしが判断することではないが、アフリカに単身行っていなければ、つまらない弁護士になっていたことは間違いないだろう。

次章からは、わたしの人生を語る上で不可欠なアフリカ放浪記を語りたい。

第二章　出発

1968年4月13日・横浜

昭和43年の4月13日水曜日は忘れられない日である。

ロシア（当時、ソ連）極東部、ナホトカ行きの船が出発する横浜港には友人や家族が見送りに来てくれた。念願かなっていよいよアフリカへ行くことができる。スワヒリ語も少しは覚えたし、準備万端という気持ちで、これから遠くへ、知らない国々へ旅立つ。そこではどんなことが起こるのだろうと考え、心配する家族をよそに期待に胸をいっぱいに膨らませていた。

危ないから行くなという人はたくさんいた。でも、世の中には自分が想像もできないような面白いことがたくさんあるんだと。小田実の『何でも見てやろう』に励まされたのも事実である。不安と期待というのは裏腹なものだけど、23歳のわたしは不安ではなく、期待にはち切れていた。自分で何かを掴むことができるチャンスだと考えてワクワクしていた。

見送りに来てくれた中には、開成中学1年から今に至るまで友人の山田勝昭君や予備校以来の友人・堤義成君（いずれも現弁護士）がいた。二人共前年の１９６７年に一緒に司法試験を受けたが涙をのんだ。その年初めて受験する後輩も何人も来ていた。庭山正一郎君（現弁護士）は「久保利さんはいいなあ。１年早く受かったからアフリカなんぞに行けるんだ」と羨ましそうにしている。わたしもわたしで当時は若かったから、「今年は受かれよ。俺も司法研修所の入所を１年遅らせたから、同期になるからな」なんて呑気なことを言ったものだ。

手にした外貨は正規両替分は５００ドルだけで、伯父が１ドル＝４００円で調達してくれた闇の５００ドル。陸路不能地域の飛行機やユーレイルパス、船のチケットは出発前に円で購入したが、総額50万円、６カ月の世界旅行だ。一日５ドルの貧乏旅行は覚悟の上だ。

わたしは意気揚々とロシア客船ハバロフスク号に乗船し、桜の舞い散る横浜港を船出した。船は満月に照らされた荒れ模様の海を進む。同室になったパリに行く大学教授と一晩でウイスキーを１本あけた。

4月16日・ハバロフスク

朝4時にナホトカ到着。ハバロフスクまで列車で移動。ハバロフスクに到着したのが翌16日の朝だったから、これだけで実に24時間以上かかった。アムール河は凍っていた。お尻も痛いし、もう十分にシベリア鉄道は堪能した気持ちになった。

町の有料体重計で測った体重は84キロ。そしてハバロフスクから首都モスクワまではアエロフロートの飛行機で移動。イリューシン設計の非常にガタガタする軍用輸送機のような飛行機で、眼下にはツンドラの真っ白な雪化粧が広がっている。半日近く飛行機に乗って太陽を追い続ける。大河が次々と現れては消えてゆく。一面の銀世界を眺めながら、本当にロシアは広いということを実感した。

4月17日・モスクワ

モスクワでクレムリンなどを見学する。ここは宮殿、尖塔などの史跡から大統領官邸までが集まるロシアのへそだ。まだ雪が積もり、氷が張っているからとにかく寒い。あれから48年経って、今は地球温暖化が進んでいるから少しは暖かくなっているのかもしれない。翌日にはサンクトペテルブルグ（当時はレニングラード）を経由して、列車で北欧フィンランドの首都ヘルシンキを目指した。

4月19日・ヘルシンキ

ヘルシンキでは飛び込みでユースホステルに宿泊した。ホテルの予約などしていない。リュックサックを背負って、寝袋を担いで、いざとなったら駅かどこかで、どこでも野宿できるようにと。この寝袋は見送りに来た駿台予備校以来の友人で山男の堤義成君がせん別にくれたものである。

当時、ヘルシンキはあまり英語が通じなかった。わたしの英語が下手だったからかもしれない。今でも覚えているのが、とにかく安宿に泊まろうと思って、フィンランド語のできる人に安宿を何ていうか尋ねてみた。すると「ハルパホテリかな」と言うので、ハルパホテリ、ハルパホテリと聞きながら寝場所を求めて歩き回った。当時はイタリア人もかなりフィンランドに来ているので、「オテル・エコノミコと言えば、それでも通じるかもしれない」とも言われた。

何しろ、どれだけの長旅になるか自分でも分からない。お金が無くなっては困るので、少しでも安い宿を求めて歩き回っていた。

今も似たような制度はあるが、列車は「ユーレイルパス」といって、ヨーロッパの列車が乗り放題になる特別な切符を格安であらかじめ日本で購入していた。

ユーレイルパスはヨーロッパでは買えなかった。要するに、ヨーロッパにやってくる外国人旅行客を増やそうと、イギリス以外のヨーロッパ諸国が連携をとって、欧州全域の列車とフェリーを乗り放題にしたものだから、ヨーロッパの中では買えないのだ。乗れるのはコンパートメント（個室タイプ）の一等列車。大概1室貸し切り状態だったからアエロフロートの飛行機よりははるかに快適だった。夜行で移動すれば宿代がいらない。

ヘルシンキからはアフリカとは逆に北へ移動した。せっかくフィンランドまで来たのだから北極圏に入ってやろうと考えたのだ。北極圏へ行くため、鉄道でわたしはテンペレという場所を経由してケミ川のほとりにあるケミという地に到着。ここはちょうどフィンランドとスウェーデンに挟まれた湾の一番内側で、夜の9時でもまだ明るい。ここからヒッチハイクでトラックに乗せてもらい、サンタクロースの故郷・ロバニエミを目指した。

ロバニエミはサンタクロースの街であることに加え、今ではオーロラの観測地帯へ向かう観光バスなどの発着地でもある。観光客などで相当、街も賑わっているらしいが、当時は閑散とした田舎町の印象。鉄道に乗って海やケミ湖を眺めながら北極圏に入ったのだと何となく満足し、北半球を征服したつもりになって、これから一路、南下しようというわけだ。

今度はスウェーデンの首都ストックホルムを目指した。ユーレイルパスの威力で一等列車のコンパートメントを占拠できたから、貸し切り列車の感覚で快適な移動であった。

ストックホルムでやっと念願のサウナに入る。サウナはフィンランドが発祥とされているが、北欧ではよくサウナを見かける。スカンジナビア半島に位置するフィンランドやスウェーデンは、自然が豊かな国でサウナが好き。自然豊かで温泉好きの日本人といくつか共通点があるように思う。

ロヴァニエミ
ケミ
ヘルシンキ
サンクトペテルブルグ
(レニングラード)
ストックホルム
モスクワ
コペンハーゲン
ハンブルグ
フランクフルト
パリ
ヴェズレー
チューリッヒ
マルセイユ
セゴビア
マドリード
バルセロナ
バレンシア
グラナダ
ローマ
ナポリ
ブリンディジ
イグモニサ
アテネ
ナフプリオン

この時、サウナで素っ裸のまま体重計に乗ったら81キロ。出発した時は84キロだったから、2週間もしないうちに3キロも痩せていた。まだまだデブだが、痩せたことは間違いない。

4月26日・コペンハーゲン

夜行列車は一気にスウェーデンを南下し朝6時45分、デンマークの首都コペンハーゲンに辿り着く。ノルウェーには寄らず、コペンハーゲンからフェリーでドイツへ渡る。ここからどんどん列車を乗り継ぎ、ハンブルクやフランクフルトを経由してスイス・チューリッヒへ。この旅の目的はあくまでもアフリカだから、ヨーロッパ観光なんてしている暇はない。

ただし、チューリッヒを訪れたのには理由があった。大宮小学校、開成中高を通じての友人である伊藤直吉君がスイスの名門・チューリッヒ工科大学へ留学していたからだ。ヨーロッパをかけ足でまわると言うと、その間リュックサックや寝袋を預かってくれるという。野宿のとき寝袋の下に敷こうとフィンランドで買ったトナカイの毛皮がかさばるので助かった。

近郊のスイスの湖水はきれいだが、とりあえず先を急ぐ。

5月下旬に戻ってくれればマッターホルンを案内すると言われて、ヨーロッパ旅行は身軽なスタイルで出かけることにした。

4月29日・マルセイユ

29日にチューリッヒを出発したわたしは一路イタリアを南下し、ミラノを経て翌30日にマルセイユへ向かい、そのままフランスを通過し、バルセロナへと一目散。

なぜフランスをパスしたかというと、当時、パリの学生街カルチェ・ラタンは、フランスの学生運動の最大拠点だったから。68年5月の〝五月革命〟と言えばお分かりだろう。3月から活発化した学生運動に端を発し、フランス全土に広がった大衆の反体制運動だ。いずれパリに戻るにせよ、ゼネスト（ゼネラル・ストライキの略）のフランスは当面避けることとして、先にスペインに行くことにした。

5月1日・バルセロナ

マルセイユからスペイン・バルセロナに入った。ユーレイルパスがあるから、一等車に乗り込んでどんどん夜行列車で移動していく。基本的に夜になったら駅に向かって、ベッド代わりに列車へ乗り込むのだ。

バルセロナでは列車をはなれて久しぶりにペンションホテルに泊まったが、「プリメラ」という名の一泊60ペセタという安宿。夕食もマカロニスープにジャガイモと肉の煮込み、タマゴ焼とパンとコーラで40ペセタ。人々は夜中まで歌を歌って、ギターを弾いて、カスタネットをたたいて踊っている。ラテンの生き方とはこれだなと、すっかりスペインファンになってしまった。

バルセロナではサグラダ・ファミリアやコロンブスの船などを見物した。2日にはバレンシア国際見本市に立ち寄ったら、日本のシルバー編機のブースがあり、可愛らしいスペイン娘の説明係と仲良くなり、お昼に自宅に招かれてごちそうになった。もっとも日本を代表するこの毛糸編機会社も2011年には破産して消えてしまった。

3日には花祭りのグラナダへ入り、アルハンブラ宮殿をくまなく歩きまわる。4日には7時間かけて北上し、首都マドリードへ。5日、6日と闘牛やフラメンコ、マドリード王宮を一通り観光し、さらにセゴビアのアルカサルや水道橋を歩きまわる。「今度はゆっくり来たいな」と思いつつ、フランスへ戻ることにした。

5月8日・パリ

8日にパリに戻ったら、やはりパリではデモ行進が行われ、カルチェ・ラタンはざわついていたが、市内は思ったより平静だった。高校の頃からペンフレンドだったフランス人女性レジーナにパリを案内してもらうことになっていた。

9日にエトワール凱旋門で待ちあわせ、彼女の実家につれていかれビフテッカ（ビーフステーキ）とポムフリ（フライド・ポテト）を腹いっぱいごちそうになった。期待が大きすぎたせいか、エッフェル塔は東京タワーよりもすづまりの感があったし、花の都パリというイメージとは一致しなかった。

パリっ子の彼女はフランスのブルゴーニュ地方のお百姓さんに嫁いでいた。今は世界遺産に指定されているヴェズレーに程近く、シャブリまで車で1時間位の田舎の村だが、百姓とはいっても、小さな工場みたいなものも経営していて、ここで豪華な食事と大量のお酒をご馳走になった。ホテルを隣町ともいえるアバロンにとってくれた。

ホテルまで行くのも旦那さんが車で送ってくれた。夜中の2時くらいにへべれけになった旦那さんが運転すると言う。わたしが「大丈夫か?」と聞いたら、「問題ないさ」と言って普通の道を120キロくらいのスピードですっ飛ばした。あっという間に着いたけど、日本でこんなことをしたら大変なことになるだろう。フランス人にとっては、これもご愛嬌ぐらいに思っていたはずだ。

5月11日・アバロンからパリへ

結局、この女性夫婦にすっかりお世話になったわたしは、2日ほど平穏なブルゴーニュ周辺でうろうろしていた。11日にパリに戻ると、五月革命は益々燃え盛って、ノートルダム寺院の周りも警官が自動小銃を持って警備していた。

カルチェ・ラタンでは噂どおり、ヘルメットをかぶって敷石を投げたりして、フランス全土にゼネストが広がっているという。カルチェ・ラタンには観光客もいなくなり、日本人はおそらくわたしだけだったから、日本人が珍しかったのだろう、フランス人学生がマジックを持ってきて、自分のヘルメットに日本語（漢字）で「社学同（社会主義学生同盟）」と書いてくれと言う。どうも日本の全学連（全日本学生自治会総連合）と連帯したいらしい。それで「分かった、そんな言葉でいいの？」と思いながら、漢字で書いていくと彼は興奮していた。わたしは日本人だから当たり前なのだが、漢字をスラスラ書ける人に出会って、彼も喜んでくれたらしい。

ただ、「君たちは社学同なのか」と聞くと、「違うけれど、日本の学生と同じ大学改革だから志は共通だ」という。わたしは「何か、ファッションみたいだな」と思わずにはいられなかった。

たしかに日本でも東大闘争があって、似たようなことをやっている。しかし、わたしは小さな大学改革より世界革命に関心があるのだ。ベトナム戦争反対や第三世界解放ならともかく、あまり関心は引かれなかった。

やはりパリにいても仕方ない。荷物をとりにスイスに戻ることにした。

フランス・パリのデモ

スイス・マッターホルンにて

5月12日・チューリッヒ

友達はありがたいもので、アフリカに行く前にアルプスを見て行けと、伊藤君はマッターホルン山麓の町・ツェルマットへ誘ってくれた。アルプスの山々は5月でも雪が何十センチと積もっている。マッターホルンは三角形の姿が実に美しい。日本を出て1カ月、ヒゲも格好がついてきた。伊藤君がパイプをくれて「日本人は若く見られるから、ヒゲをもっと伸ばしてパイプをくわえた方が良い」と言う。そうだ、早くアフリカに行かなければと、心地よいスイスに別れを告げて南下を急ぐことにした。

5月14日・ローマ

イタリアまではユーレイルパスが有効だが、使用期限の終了が迫っている。首都ローマでは、一通りの遺跡めぐりはしたが、コロシアム、カラカラ浴場など2

千年近い昔の建造物に驚く。ナポリの隣にあるポンペイに立ち寄って、ベスビオ火山の灰の中から掘り出された遺跡をかけ足で見て、ギリシャの目と鼻の先にあるブリンディジへ。ここは、イタリアの国土を靴に例えた時のかかと部分にあたる街だ。ここからフェリーに乗ってギリシャ・アテネへ行く。もう後は一目散にアフリカを目指すということになる。

5月16日・ブリンディジ

16日夜に海路ブリンディジを出発し、翌朝にギリシャの港町イグモニサに到着した。

お世話になったユーレイルパスはブリンディジまでしか通用しない。ここからは長距離バスでオリンポスの山々を見ながら18日朝5時にアテネに到着。

一気にエジプトのアレクサンドリアに向かいたかったのだが、船の切符が手に入らない。アテネは一泊だけの予定だったが、切符がとれたのは結局25日。だから、1週間くらいは世界遺産のアクロポリスを見に行ったり、ゆっくりシャワーを浴びたり、ジーパンを洗濯したりして時間を潰していた。

とにかくここまでは原則列車の中でしか、寝ていない。安いけれど、きちんとしたホテルに泊まることで、ようやく身体を休めることができた。

ホテルに泊まれば、それなりに仕事がある。下着の洗濯だ。

横浜を出た時から、荷物はリュックサックと肩掛け鞄が一つずつあるだけ。替えの下着も1枚しかない。車中泊なら昼のままの格好でシートに倒れこむだけ。安ホテルにはシャワーしかないから、シャワーを浴びる時に下着を裏返しにはいて石けんをつけて、一気に全身を洗っていく。夜は裸で眠り、翌朝にはパキパキに乾いているパンツをはく。替えの下着など破れた時に備えて予備が1枚あれば十分だった。

基本的に、旅の間、わたしはジーンズ一丁に、洗ったのか、洗ってないのかわからないような長袖のシャツに、チョッキを羽織って移動していた。寒い時にはポリエステルの薄いアノラックを羽織る。これならたためば、さほど荷物にはならない。

他の荷物はアフリカでどんな人に会うか分からないから、念のため、きちんとしたネクタイとYシャツ、ズボン、上衣は欠かせない。他にはフィンランドで北極圏に来た証拠を残そうと思って購入したトナカイの毛皮があった。この毛皮は日本に帰るまで使わないから、リュックサックの一番下に放り込むのだが、これだけでリュックの3分の1くらいが埋まってしまう。この毛皮はわたしと一緒に世界を半周したのだ。あとはカメラを2台。ヤシカとオリンパス・ペン。もちろん、普通に写真を撮るのが目的だが、いざとなった時には売ってお金にする覚悟だ。それと大事なスワヒリ語の英語版教科書。日本語版は今だにない。洗面用具については歯ブラシ1本、歯磨き粉すら持っていったのかどうか怪しいくらい。薬はマラリア薬、正露丸、下痢止めのエマホルムはスモン病の原因と知らずに持っていったが、全く効かないからエチオピアで捨ててしまった。後に人助けにもなったのが抗生物質だった。

もちろん、若いころだからできた話ではある。今からやれと言われたって、もう同じようにはできないだろう。しかし、こんなに何も持っていなかったとは……。

5月21日・アテネ

仕方がないので、21日から24日まではギリシャ中をあちこち歩き回った。まず両替と思ったが、100ドル札しかなく、四つの銀行をわたり歩いた末、ギリシャ銀行の地下室でやっと小額紙幣にくずして両替ができた。

コリントスという街でコリント運河を見た後、ヒッチハイクをしようとして、暑い中、数時間立っていたが収穫なし。また、歴史の古い城塞都市であるナフプリオンというきれいな港町で海水浴を楽しんでいたら、うっかり大きなウニを踏んでしまう。足の指に棘が刺さって、1カ月以上膿んだので、アフリカに行ってからもずっと足が痛かった。それでも辛いとか、めげるとか、日本に帰りたいと思ったことは一度もない。ウニの棘はいずれ膿と一緒に出てくるから。

とにかく歩くのも、ヒッチハイクをするのも全力投球。めげる暇なんて無かったし、夜はホテルでぐっすり眠った。毎日、世界遺産のアクロポリスやエピダウロスの古代劇場などの遺跡を見た。修学旅行らしき高校生や引率の先生と、英語で古代ギリシャとオスマントルコによる支配の話を3時間も論じた。時には子供たちに身振り手振りをまじえて空手や柔道を教えたりして、全てが楽しかった。

24日にはバスでアテネに出て、ピレウスという外港に向かう。いよいよここから先はアフリカだ。

翌25日、いざ船に乗りこむと、ここは快適な空間だった。

ピレウスからアレクサンドリアに向かう船では、30ドルの最低ランクの座席を確保した。ベッドではなく、ソファー席である。ところが、ヨレヨレの服を着ている日本人を見てこれはあんまりだと思ったのだろう。船の乗組員がベッドを与えてくれた。思えばこの頃、日本人は人気があったのだ。だから寝る時は横になることもできたし、暇になると船内のプールで泳いだりもした。そういえば干していた海パンがどこかに飛んでいったので、あとは下着のパンツで泳いだ。実に快適な船旅だった。

今から振り返ってみると、アフリカに入るまでがかなり長い。約50年前ということもあって、道路が舗装されていなかったり、交通の便もあまりよくなかったのだろうけれど、気付くとアフリカ大陸に入るまでに、日本を出てからはや約1カ月半が経っていた。

単純にアフリカまで猛獣を見に行くだけの旅なら、飛行機とタクシーで簡単だ。団体旅行ならもっと簡単で現地の人と話すこともない。しかし、わたしはトコトコと電車やバスを乗りついで、ヒッチハイクの待ち時間を重ねてアフリカまでようやく辿り着くことができた。その待ち時間も旅のうちだし、毎日予期せぬ人と会い、何かが起きる。この昂揚感は単なる観光旅行では決して味わうことができないだろう。

第三章　生死をさまよう

5月26日・アレクサンドリア

地中海に面する港町、エジプトのアレクサンドリアに船が到着したのは朝だった。入国の際、さっそく検問所で入国審査がある。そこでわたしは日本人であることを意識させられる出来事があった。

当時のソ連がアラブ諸国で軍事的な援助を行っていたため、エジプトはソ連と良好な関係にあった。こうしてソ連は中東地域での政治的、そして軍事的な影響力を急速に強めていく。逆に東西冷戦の時代だったから、エジプトでは反英米といった雰囲気がある。だから手荷物検査をしても、ソ連人は割と簡単にパスしていくのに、イギリス人あたりだとハンドバッグの中まで全部調べられて大変そうだった。

ところが、わたしは日本人というだけで、とても優遇してくれた。「こんな遠いところまでよく来たな」という感じでフリーパス。逆にこちらからリュックサックを開けようかと言っても、「大丈夫だから」と検査なんて全然無かった。

あの頃の日本人は、世界中で特別な存在だったように思う。

当時は1968年だから、前回の東京オリンピックが開催された1964年からまだ4年後のこと。日本は敗戦の後、素晴らしい復興を遂げ、オリンピックも無事に行うことができた。もう戦争はしない、軍隊も持たないと言っている。本当に日本人は礼儀正しいし、しかも、みんな柔道や空手をしていて武士道に精通した人たちばかりだと思われていた。勿論最後のだけは当時でも勘ちがいで、日本人がみんな柔道や空手をやっているわけではないけれど、世界の人たちが抱いているイメージは概ねこんな感じだった。

ましてやあんなに遠い日本から、わざわざエジプトまでたった一人で来る若者なのだから、さぞかし相当な人物なのだろう。そんな日本人が悪さなんかするはずない。そういう良い意味での彼らの思い込みもあってか、わたしはどこへ行っても町の人々から丁寧にもてなされた。

つまり、エジプトではヨーロッパの人々とかアメリカ人とかソ連人よりも日本人はずっと優遇されていた。今の時代にアラブ世界からそんな風に丁重に日本人が扱われることはない。現にここ1~2年、海外での扱いは悪くなっている。経済力も円の力も格段に強くなっているのになぜだろうか。当時の日本のステータスや信用度は間違いなく世界一だった、と今さらながら思う。

さて、道を急ごう。まずはアレクサンドリアから首都カイロへ向かった。エチオピアの大使館に行って、ビザを取得するためである。

カイロでホテルに宿泊する時は、ホテルと警察に登録をしなければならない。とにかく汗だくで警察を往復した。ホテルに宿泊する時も一つの出会いがあった。

例によって安いホテルを探していたのだが、ヒルトンホテルというホテルが目にとまった。今なら高級ホテルだということは分かるものだが、日本では勉強一途の学生だったわたしには縁がなかった。何も知らないままホテルに入ってしまい、内装の立派さに気圧された気持ちでうろうろしていたら、いわゆるミリタリーポリス（MP＝軍警察）に捕まってしまう。

彼が「何をしている?」と聞いてきたので、わたしは事情を説明した。すると彼は「そうか、お腹もすいているだろう」と言ってお茶に誘ってくれた。初めは不審者にしか見えなかったであろうわたしを気遣ってくれるなんて、実に優しい人だった。

カイロではギザでクフ王のピラミッドを見たり、古代エジプト美術博物館に行ったり、シタデルやイブントゥルンモスクなどを歩きまわった。

街中ではイスラム教徒の人たちが熱心に1日5回の礼拝をし、コーランを唱えているのを見たりした。信仰を持つとはこういうことなんだ、と妙に感動する一方、人を蹴落としてバスに乗り込んだり、つきまとって金をねだったりすることは宗教に反しないのかしらと不思議だった。つばをはいたり、ゴミをポイ捨てしたり、とにかく見るもの全てが新鮮だった。

5月29日・カイロ

ついに死と隣り合わせの体験をした。

バスでカイロのエチオピア大使館にビザをもらいに行く途中のことだ。

この辺のバスは日本と違って、停留所にきちんと止まるわけではない。満員鈴なりの客がバスにむらがりしがみついている状況で切符を買って中に入るなんて、悠長なことは言っていられない。とにかく乗客が手を挙げると阿吽の呼吸でバスが徐行。スピードが遅くなった時に乗客は一気に飛び乗っていく。わたしもリュックサックはホテルに置いて、ショルダーバッグを抱えて超満員のバスに跳躍する。

バスはなにしろ混んでいて中に入り込むのは不可能だ。バスの外側にも人が張り付くような形で鈴なりにぶら下がっている。わたしもやっと窓枠に手をかけて、車体にぶら下がる。バスに乗っているとは言い難い。大勢の乗客がぶら下っているから、そんなにバスのスピードは速くないなと感じるようになった。特に坂道を登るときなどはトロトロ走っていく。これならいつでも飛び降りることができるなと感じていた頃、バスはナイル川にかかる大きな橋へと近づいてきた。

橋はいわゆる太鼓橋で、半円形で真ん中が盛り上がっている。橋の前半は上りだったからバスも遅かったのだが、後半は下り坂。バスのスピードは一気に加速した。必死にバスに捕まっていたわたしも手が徐々に疲れてきた。手はしびれてくるし、スピードは速い。これはヤバいと、窓から車内によじ登ろうとしたが、誰も入れてくれない。超満員で立錐の余地もないのだ。

これくらいなら着地できるだろうと思って飛び降りたのだが、バスはおそらく100メートル10秒くらいのスピードで走っていたのだろう。バスの速度に脚がついていかず、ゴロゴロゴロっと2～3回地面にひっくり返った。しかも、後ろには後続車が何台も連なっている。いずれの車両も猛スピードだ。いつ轢かれてもおかしくないような状況だったのだが、後続車は急ブレーキと急ハンドルでうまくわたしを除けていく。この鮮やかな技術には、後から妙に感心したほどである。

何とか受け身をとったつもりのわたしだったが、右の肩を強打し、左側のひたいをアスファルト道路にこすってしまった。シャツも真っ黒。気が付くとひたいに血が滲み、毛髪の一部が抜けている。腕時計の金属バンドが千切れ、手首に刺さって、肘をすりむいて血だらけになってしまった。

肩の痛みは尋常ではない。まずいなと思ったものの、どうやら脳震盪を起こしているわけでもなさそうだし、骨折をしているわけでもなさそうだ。車に轢かれたわけでもないから大丈夫だと思って、とにかくユースホステルに戻ることにした。

「ユーは大丈夫か？」

その晩、ホテルのスタッフが肩をマッサージしてくれた。一生懸命揉みほぐしてくれたところまでは良かったが、亜脱臼をしているかもしれないからと言って、肩を力づくで無理やり押し込められたときには激痛が走った。なんてことをするんだ、もっと優しくしろと思わなくもなかったが、確かに少し脱臼をしていたのかもしれない。

この日は一晩中、肩が痛かった。痛くて、痛くてしょうがなかった。実は今でもパソコンを叩きすぎると、右肩が痛くなるのはこのせいかもしれない。

「翌日も1日寝ていろ」とホテルのスタッフに言われたのだが、起き出して前々日にバスから落ちて行きそこねたエチオピアの大使館にビザをもらいにでかけた。半日ほど寝ただけで夜8時には、次の目的地・ルクソールを目指す。

アパルトヘイトに反対する解放闘争の人たちに会う前に、こんなところで怪我していては駄目だ。そう考えてルクソールを経由して、アスワンまで8日かけてナイル川を遡上する船旅を始めることにした。

この時の体重は服を着たままで75キロ。すでに9キロも減っていた。

6月1日・ルクソール

ルクソールはかつてエジプトの古代都市テーベだった場所。ルクソール寺院や古代エジプトの歴史を飾った王たちが眠る「王家の谷」などを見て回った。往復14キロの徒歩移動だから「死の谷」のようなものだが、カイロからはナイル川を遡る河ボートで移動する。カイロ―アスワンの船賃は1エジプトポンドだった。河ボートといっても50人くらいは乗っている小型の船だ。

ナイル川はあまり急流地帯が無く、川全体がゆったりと流れている感じだった。ボートは船着き場で給油や荷物のつみおろしのため停泊する。船員から「何時に出るよ」と告げられるから、その時間までに王家の谷などを観光して帰ってくるわけだ。

それから同じボートに乗って、6月2日にアスワンハイダムで知られるアスワン、3日にはキマというところへ行った。もっとも、その当時にアスワンハイダムが全面完成されていたかどうかは定かではない。そもそもあまりに大きすぎて、せきとめてつくられたナセル湖の湖岸さえよく分からない。

アスワンは猛烈に暑かった。この日の気温は47度。近頃の日本も夏は猛烈な暑さであるが、さすがにアフリカの暑さは桁違いだ。もっとも、乾燥しているから木陰や屋根の下に入れば日本よりはすごしやすい。

キマではあまりにも暑いので、ナイル川で泳ぐことにした。泳ぐというよりは身体を水に漬ける感じだ。

というのも、現地の人からこの辺では「頭を水につけてはならない」と、何度も忠告された。頭が濡れていると、外はあまりにも暑いから蒸発熱というか、気化熱をバッと奪ってしまう。水分が乾く時に熱を奪ってしまうのだ。こうなると、人は脳がくらくらしてきて、水に潜ればどっちが上か下か分からなくなり、結果的に溺れていくという。だから、水に浸かるのはいいけれど、絶対に頭を浸けてはいけないということだった。

そのため、川に入る時もザバッと飛び込むのではなく、立ったまま、すっと入っていく。そうしないと川の水が頭を濡らしかねないからだ。わたしも地元の人の教えを守り、そっと川に入っていった。立ち泳ぎというか、頭を濡らさないようにして川で遊んでいるのだが、やはり川の中にいるのは楽しかった。

ところが、この時、地元の人たちの言うことを聞かず、思いっきり川に潜っていった白人男性がいた。結局、彼は再び浮かび上がってくることはなかった。よく海外旅行などをしていると危険地帯などへ入っていき、「俺は平気だったよ」などと言って、武勇伝のような土産話を聞かせたがる人たちがいる。彼もそうした類だったのではあるまいか。

やはり危ないものは危ない。現実にそうした危険とつきあいながらも、長くその土地に住んでいる人たちがいる。その土地に住んでいる人たちには、昔ながらの生きる知恵や工夫が備わっている。決して、そうした言い伝えをバカにしてはならない。

　また、この辺ではナイル川から汲んできた水を、高さ2メートルくらいありそうな大きな甕に入れておく。甕は素焼きの土器のような形状になっており、下に泥を沈殿させて上澄みのところを飲み水として利用していた。これも気化熱を利用して、蒸発させるような構造になっていて、天然の冷却システムだ。水を飲んでみるととても冷たくなっている。これもその土地の人たちの生きる知恵であろう。わたしは現地の人と同じものを食べ、飲んでいる限り腹をこわしたことはない。「ナイルの水を飲んだ者は再びナイルへ戻る」という言いつたえがあると聞かされた。もうそろそろわたしは戻ってもよい頃だが、アラブ世界はＩＳのため、近寄るのも危険になっている。おまけに安倍首相はアラブ諸国訪問とあわせてイスラエルにまで行き、ネタニエフ首相と共同会見をした。日の丸とイスラエル国旗が並んでいるのではアラブは反日にならざるを得ない。

　余談だが、6月3日、ホテルに戻るとニュースが流れてきて、日本の九州大学に原爆が落ちたという報道がなされていた（笑）。「何ということだ」と思ってニュースを聞いていたのだが、後から聞いたところによると、九州大学のキャンパスに米軍のファントム偵察機が墜落したとのこと。墜落も大変な事件だけれども、また戦争が始まるのかと思っただけにほっとしたことを覚えている。

結局、アスワン周辺でわたしは3日間、ぶらぶらしていた。ボートでスーダンのワディ・ハルファへ向かうのだが、なぜか出発が遅れている。

この船ではハンスという、一人のドイツ人と出会った。歳はわたしより一回りは上だろう。東ドイツの出身で、英語がペラペラ。本人曰く学校の先生と言っていたが、職探しを含めて今アフリカを歩いているという。わたしのことはすっかり棚に上げて、教員がこんなところで何をしているのか。何者なんだろう、本当はスパイなのではないかと勘繰ったりもしながら、一緒に泳いだり、東ドイツと西ドイツの優劣を吟味したり、共産主義と資本主義の将来を占ったりした。世の中にはいろいろな人がいるものだ。結局、ハンスは空路アレクサンドリアへ戻り、ドイツへと帰っていった。

6月4日、5日、6日とアスワンからワディ・ハルファに行く船が出ないので安宿でゴロゴロと寝ていた。先週からはマラリアの薬レゾヒンを毎週金曜日に飲むように旅行前から言われているくらいだから、体力温存に心がける。アフリカでは週1回、インド、タイでは週2回というのが日本の医師の処方だった。

地中海
アレクサンドリア
カイロ
ルクソール
エジプト
アスワン
ワディハルファ
ナイル川
アトバラ
カッサラ
アスマラ
(現エリトリア)
スーダン
ゴンダール
タナ湖
バヒルダル
青ナイル川
白ナイル川
アディスアベバ
エチオピア
ケニア
ナイロビ
セーシェル
タンザニア
ザンビア

もちろんこの頃はこの薬が「クロロキン」と呼ばれて、失明を引き起こす薬とはつゆほども疑っていない。日本の医学なんて、当時はこの程度のものだった。

6日のニュースではロバート・ケネディ民主党大統領候補が銃で撃たれて重傷と報じられ、翌日には死亡が伝えられた。48年前のアメリカは大統領選の最中で、ベトナム戦争の影響からジョンソンが2期目の出馬を見送ったあとの出来事だった。

6月7日・アスワン発・ワディ・ハルファへ

世界ではいろいろと事件が発生するが、ここアスワンでは、いつ船が出るのか、ワディ・ハルファからの列車の切符はどこで買えるのか、いくらなのかの情報を集めるくらいしかすることはない。

やっとアスワン発4時とのしらせがあったが、それも遅れて結局、出航は6月7日の夜7時と決まった。夜があけて8日になっても、船はナセル湖に浮いている。前へ進んでいるはずだがのろのろとかたつむりの歩みなのでスピード感は全くない。

6月10日・ワディ・ハルファからアトバラへ向かう

船は9日昼すぎ二泊三日の長旅を終えてスーダン領ワディ・ハルファに到着した。気温は47度。ここからナイル川に沿ってアトバラまでは列車での移動になる。代金1・10スーダンポンドでチケットを購入した。ところが9日夜になっても汽車は来なくて、明日になるという。

さて、ワディ・ハルファでは印象深い出来事があった。

夜になって、高熱に苦しむ赤ん坊と成人男性から同時に助けを求められた。「あんたは外人だから薬か何か持っていないのか」と言うので、持っていた抗生物質を差し出した。もちろん、わたしは医者ではないし、高熱といっても何の病気なのか分からないから、この抗生物質が効くのかどうかも分からない。それでも彼等が困っていることは確かだから、とりあえず抗生物質をあげることにした。

すると翌日、赤ん坊の両親がやってきて「ありがとうございました、うちの子は薬のおかげで助かりました」と言われてほっとしていたら、一方の男性はそのままコロリと命を落としてしまった。よくよく考えてみると、子供と成人では身体の大きさも何もかもが違うのだから単純に薬の量が足りなかったのかもしれない。

しかし、だからといって死んだ人の家族が文句を言いにくるということはなく、これはもう天命であると思っている。みんなイスラムの人たちだから、あっという間に砂を掘ってメッカの方向に顔を向けて骸を横たえ埋めてしまった。異教徒だが、わたしも知らんぷりもできないから参列して、冥福を祈ったが、人の命はこういうものだと、何か大変なことを学んだ気がした。

わたしの薬1錠で命が助かった者もいれば、命を落とした者もいる。一歩まちがえば埋葬されたのはわたしだったかも知れない。日本では考えられないことだが、アフリカでは死は日常だった。

わたしだってここにいた二日間寝袋で野宿し、砂嵐のため身体中砂におおわれ、ティーと10円のビスケットで飢えをしのいだのだ。

人は死ぬ時には死ぬし、死なない時には死なない。この時から、ぼんやりとそんなことを感じるようになった。

ここから東、アトバラを経て紅海に近いエリトリアの首都アスマラを目指す。

ところが、ワディ・ハルファでいくら列車を待っていても来る気配がない。そもそも軌道も車両も古く、性能が悪くて動きが遅く、故障も多いから、動いたり止まったりするのは当然だ。せいぜい時速20キロというところ。さらにこの辺は猛烈な砂嵐が吹くので、9日に来るといった列車がやってきたのは11日のことだった。

この間、安宿もアフリカ人でいっぱいだし、宿屋といっても屋根があるだけで野天と変わらない。わたしは野宿をした。いつの間にか、寝袋やザックの間にまで砂が入り込んでいる。とにかく何もする気が起きなかったようで、当時の手帳には「猛烈な砂嵐、また野宿」としか書いていない。

この頃、わたしはスーダンのお金が無かった。銀行が無いから、両替ができないのだ。すると、通りかかった青年が「国境の町なのに銀行が無いのは恥ずかしい。旅のお人に申し訳ないことをした」と言って、何も買えないのは困るだろうとお金を恵んでくれた。おそらく20歳にもなっていないようなスーダンの青年、アブドラ・カリム君である。

その額がどれほどの価値があるのかその時は分からなかったが、ワディ・ハルファ―アトバラの運賃が10ピアストル＝1ポンド。差し出した額を換算すると10ポンドにはなったから、かなりの金額である。わたしは志だけいただいてお金は断ったが、お互いに「いいから、いいから」と押し付け合うようになった。最後は「もってけ」といって彼が押しつけるようにして、結局お金を頂戴することになった。

本来、日本人のほうがよっぽど豊かなのに、彼は貧しい国にいても心が豊かだった。本当に素晴らしい人である。これが本当のイスラム教徒なのかもしれない。

やっと11日になって汽車は出発した。

この列車でも一つの出会いがあった。

オーストラリア人の20歳位の女の子が2人いて、現地の人からモノを盗まれないように、外国人は一緒に固まって旅行しようという。わたしはどちらでも良いとは思ったが、アメリカ人、ベルギー人、パラグアイ出身の日系人まで続々集まってきて、面白そうなので合流した。この日系人はタカハシ君と言い、英語、日本語、スペイン語が達者で、ドイツ語も少しはできた。だから、彼がみんなの話を通訳し、取りまとめるような形で、車中はいろいろな話を聞くことができた。

傍から見れば、それこそ国際連合部隊のような外国人の集まりである。現地の人たちにとっては実に奇異な存在であっただろう。それでも列車が駅らしきところに停まると、甘いデーツ（ナツメヤシ）の売り子がいて、スーダン人がうまいから食べてみろとくれたりした。楽しい列車の思い出であった。

6月13日1時すぎ、エリトリアやエチオピアとの国境に近いスーダンの交通の要衝・アトバラという終着駅に列車はやっと到着した。

アトバラから先は、砂漠の横断になる。エチオピアに向かう列車はないし、バス代わりの軍用のような裸トラックで移動するしかない。この有料トラックの手配をキビとしてくれて、あなたは我々の客だから支払いは不要だと、彼が料金を負担した上にトラックの荷台に席を確保してくれたのは黒人ではないアラブ人の少年で、わずか17歳である。

彼はカリッド・オマー・バグニットという名前で、どう考えてもスーダン人の名前ではない。彼は紅海を渡った先にあるイエメンのアデン出身で、カイロで勉強中という。周りはスーダン人やエチオピア人ばかり。こんなトラックの荷台で移動する日本人などいない。わたしはシャツをはだけて、裸に短パン一丁で過ごしていた。表紙の写真はこのときのもので、わたしの左うしろのアラブ人が彼である。

トラックの荷台に乗っているだけだから暑いし、とにかく何もすることがない。片言の英語と現地の部族語を話す者、アラビア語を話す者が一緒になっての旅だ。

彼らの話を聞くのは実に楽しかった。トラックが途中、大きなテントがいくつか建っている遊牧民の集落で止まると、カリッドはテントに入りこみ、例えば、「俺はイエメンの生まれだが、3代前の爺さんはどこそこの部族に昔世話になって」などと言うと、「おお、そうか。それと俺たちの部族はつながっているから君も親戚だ」と言って盛り上がる。「だったら、どこそこに行ったら誰それという奴がいるからお茶でもご馳走してもらえ」という話を延々している。地域や人名の固有名詞がやたらと出てくるが、わたしには聴き取ることもできない。

すぐに皆が意気投合し、わたしまで客分として香りの高いミルク入りのジンジャーティーをいただき、デーツという干したナツメヤシをごちそうになった。デーツはカロリーが高いから、それだけを食べていれば死なないという。休憩が終わるとまた荷台に上がって、延々と道なき砂漠を突っ走る。

ここでもカリッドはいろいろなことを教えてくれた。

野宿にも仕方があって、鼻や耳に虫が入るといけないから顔はスカーフを巻いておけとか、靴を脱ぎっぱなしにしているとサソリが入るから必ず履く前にさかさにして思い切り振れとか教えてくれた。砂漠の中を走るトラックだから、トイレ休憩などはない。トラックが故障して、時間がかかるようなら小便をしに行くべきだが、野天で風も強いから風に背を向けて、しゃがんでした方が良い。実に役に立つアドバイスばかりだった。

トラック旅では事件もあった。ちょいとした町中に入って運転手やカリッドが買物をしている間に、カリッドのスーツケースが盗まれたのだ。

わたしはリュックサックをいつも背負っているから大丈夫だったけれど、カリッドは全財産が入った小型のトランクを盗まれてしまった。見張りを頼まれていたはずのエチオピア人は、カリッドに申し訳ないとショックでてんかんを起こして半狂乱になっている。雨こそ降らないが、雷が鳴り、突風が吹き、砂嵐が舞い上がる。

ところがカリッドは必死になって地元の人にかけあい、俺のトランクを探してくれと一生懸命に訴え続けた。地元の人たちも懸命になって探してくれたが、夜になってしまったので夜営することとなった。

翌朝、トランクが発見され、犯人もつかまったと朗報が入り、裁判が開かれるという。願ってもないスーダンの田舎の裁判が見られると、わたしもカリッドについて裁判所に行くと、立派な白髪と白髭の老人が裁判官である。カリッドはこれが自分のものであるかどうかを証明させられる。

彼は「中に何と何が入っていて……」と説明すると、裁判官は「よし、これはお前のものだ」と言って返してくれた。一方、盗人に対し、「お前は有罪だ」といって即決判決が下された。盗人がその後、死刑になるのか、むち打ちになるのか、知る由もないけれど、あっという間に犯罪者はどこかに連行されていった。

カリッドは鞄も出てくるし、中のパスポートも無事に戻ってきたというので一安心。せっかくカイロからアデンの母に会うため、ここまできたのにどうなるかと心配していたわたしもホッとした。くれぐれもパスポートとお金は肌身離さず、身につけておかねばと思い知った。

こうしてめでたくカシムエルギルバを越え、カッサラの街についたので、ここからの算段をしなければならない。ところがエチオピアのビザを持っていても陸路アスマラへの渡航は禁止という。バスは数カ月前から運行停止でタクシーも行ってはくれない。飛行機でカッサラ空港から飛ぶしかないが、一週間に一便で木曜日の20日までないという。

あせっても仕方がない。わたしもだんだんアフリカの考え方に染まってきた。やむなくここらでゆっくりしようと言って、皆とつれて立って『Splendor in the Grass（草原の輝き）』というナタリー・ウッド主演の古い映画を観に行くことになった。砂漠だから野天での映画上映は当然だが、市場のような場所にお土産物屋があったり、食堂があったりする露店の一角に映画を観ることのできるスペースがあった。日本でも昔は力道山のプロレス放送を校庭か広場に集まって見ていたが、それと同じようなものだ。

まずアペタイザーにマンゴージュースを飲む。

それから横にある飯屋からラクダ煮こみ鍋を調達。ラクダのくるぶしを丸ごとグツグツ煮たもので、これをかこんで皆で食べながら映画を観た。わたしは空腹だったし、疲れ切っているから一瞬で平らげた。ゼラチン質がトロトロにとけていて、オクラや豆やつる草などの野菜がからみあい、生姜でらくだの匂いは消されていて風味絶佳、滋養満点という逸品だった。非常に美味しくて、いまでももう一度ラクダのナックル鍋を食べてみたいと思うぐらいの味だった。

2日目の映画はアメリカのスパイ物、3日目の18日の夜はエロール・フリンの海賊物だった。おいしい料理をたらふく食べて3本も映画を観たのにお金を払った記憶がない。スーダン人やカリッドのおごりだったのだろうか。そのせいかわたしは今でもイスラム教徒を尊敬している。貧しい乞食にけっこうな金をめぐんでいるのはイスラム教徒だった。

カッサラは交通の要衝だから、ビジネスでここにやってくる人も多い。商売をやっている人の大半はインド人で、厳しい目付きで大声で交渉している。アフリカ人はお茶を飲んで遊んでいるだけ。実に対照的だった。

ここではさすがに宿屋のようなところに宿泊した。ところが、宿の中はものすごく高温で、暑すぎて寝ることができない。そこで宿泊客は皆、縄で組んだ木組みだけのベッドを外に持ち出して、その上にマットを広げて寝ていた。結局、野宿と大して変わらない。大事なものは部屋の中に入れ、カギをかけて外で寝るわけだ。

わたしはここで大きなミスを犯した。サイフやカメラはもちろん、靴まで室内にしまって鍵をかけたのに、メガネだけはこんなものを盗む奴はまさかおるまいと考え、枕元に置いて眠りについた。すると、翌朝、目が覚めてみると自分のメガネが無い。

ついにわたしも盗難の被害にあったわけだ。

しかし、メガネなど盗んでどうするのか。人それぞれ度数も違うし、アフリカ人なら視力だっていいのになぜ？　すると、周りの人曰く、レンズも売れるかもしれないけれど、メガネの枠が高く売れるのだと。メガネの枠はアフリカでは高価なもののようで、わたしのメガネが見つかることはついに無かった。

わたしは今でこそ年をとったから老眼が進み、近眼が弱くなってきたが、当時はかなり強い近視だったから遠くがよく見えない。メガネを盗まれたので19日は非常に苦労した。皆の言うところによると、犯人はチャドから来た男だと言う。スーダン人でなかっただけでもよかった。翌20日にようやくエリトリアの大都会であるアスマラに到着したが、飛行場から真っ先に駆けこんだのはメガネ店であったことは言うまでもない。

そういえば飛行機が出発するカッサラでは、カリッドの紹介でエリトリア解放闘争のスポークスマンに会った。エリトリアは文化的にも人種的にもエチオピア（アビシニア）ではないのに併合され収奪されていると流ちょうな英語で話した。しかしメモは日本語でとり、数字は漢数字でとることが条件だった。その後、１９９３年に解放闘争は成功しエリトリアは独立した。

カリッドとはカッサラでお別れ。今でもたまに夢に出てくるほど、本当に良い人だった。彼は出自をイエメンと言っていたが、イエメンの内紛と世界遺産のサナアやシバーム（砂漠の摩天楼）の名を見るたびに心が痛む。そろそろ本気で恩返しをイエメンにしないといけないけれど、国境なき医師団への寄付以外に誰に何をしたら良いだろうか。

6月20日・アスマラ

アスマラにはメガネ店も多く、旧宗主国であるイタリア製の高級メガネも売っていた。そこで日本から万一に備えてメモしていった度数を指定して、さっそくイタリア製の高級メガネを新調した。高い買物になったが、それも全て自分の油断のなせることである。

メガネをかけたからではないが、アスマラでは見える風景がこれまでとは全く違っていた。女性が街を闊歩しているし、洋服を着ていて皆の身なりもいい。

これまでスーダンでは女性を見かけることはほとんど無かった。見えたとしても頭の先からつま先まで黒衣で覆われているので女性だろうと思うだけ。ムスリムの世界では女性は外に出てはならない。旅をしているのも全てが男性。だから、余計にアスマラの女性の姿が印象に残った。

スーダン砂漠を通るのに長居したスーダンとは違って、アスマラに泊まったのは一日だけ。翌日は朝7時半にバスでエチオピアのゴンダールに向かった。

今はエリトリアはエチオピアから独立し、エチオピアとの国境付近は紛争地域になっているが、当時はエチオピアの一部だった。

6月21日・ゴンダールへ

アスマラは今はエチオピアから独立したエリトリアの首都になっているが、そこからゴンダールまでは急峻な山道の連続である。夜7時まで走ってもまだゴンダールにつかず、バスは途中の村で1泊して22日は朝6時に出発した。

1968年のエチオピアは、最後の皇帝ハイレ・セラシエがまだ健在だった。4年前の1964年の東京オリンピックで優勝した、マラソン代表のアベベ選手の母国でもある。だから、結構エチオピアの人たちは日本を知っているし、水野富美男さんという有名な絵描きの日本人がエチオピアに住んで、エチオピア女性を描き続けたことも御親戚筋の吉森照夫弁護士から聞いたことがある。

ゴンダールは国内最高峰・ラスダシャン山と国内最大の湖・タナ湖の真ん中に位置する街で、昼頃にやっと到着した。古代キリスト教の聖地でもある。当時は整備もされていなかったから、わたしには土豪の城程度にしか見えなかった。今は世界遺産にも指定されている。

ゴンダール見物もそこそこに、夕方からはタナ湖の南に位置するバヒル・ダルに向かった。オンボロのバスで移動したのだが、この日は雨が降って路面がとてもぬかるんでいた。嫌な予感は当たるもので、バスのラジエーターが故障。運行不能の状態である。お巡りさんが来て、もう夜だから今日は移動するなと運転手に言っているのが聴こえてきた。しかし、運転手は代わりのバスが来たから、そちらに乗り換えれば安全だとかなんとか言って、暗くなったのに強引に再出発。アディスアベバから雨中の行軍で、道はぬかるんでいてひどいし、散々な思いをしてバヒル・ダルに到着した。

ナイル川を遡る

ブルーナイルフォール

ここに来たのは理由があった。ゴンダールの遺跡を見るのと、ブルーナイルフォールを是非とも見てみたかったのだ。

世界には四大滝というのがあって、「イグアス」滝、「ナイアガラ」滝、「ヴィクトリア」滝と並んで称されるのが「ブルーナイルフォール」だ。青ナイル川の源流とも言われているタナ湖から流れ出て大きな滝を形成している。ちなみにナイルには青ナイルと白ナイルがあり、白ナイルの源流はタンザニア・ヴィクトリア湖と言われている。

ブルーナイルを見るために奮発してタクシーに乗った。6ドルくらいしたかと思う。6ドルというのは当時のわたしからみれば凄い金額で、アフリカなら1日2~3ドルあれば十分に生活ができるくらいだったから、結構豪華な旅と言えるが、逆にそれしか方法のない窮余の一策でもあった。しかし、行って見ればブルーナイルフォールは水が青いわけでもなく、大迫力というわけでもなかった。シーズンにもよるだろうが、他の三つの滝を見た今となると、やや格落ちの感は残る。だが最初に見た四大滝の一つなので、それなりの感動ではあった。

タナ湖で泳ごうとしたら「ジストマがいるからやめた方がよい」と地元の案内係に

止められた。「さすがアフリカ、危険がフツーにあるんだな」とあきらめて、すぐに首都アディスアベバを目指した。ここでも山嵐をひいてしまってバスのタイヤがダメになって、やっとの思いでアディスアベバに到着するのだが、もはやこれくらいの故障は織り込み済み。不満も不安も何も感じなくなっていた。

6月24日・アディスアベバ

アディスアベバでは小さなレストランの食事が原因で、また死にそうな思いをした。

エチオピア料理というのはとにかく辛い。タイ料理、メキシコ料理、ガーナ料理、四川料理、韓国料理、ブータン料理……。世界中にいろいろな辛い料理はあるけれど、飛び上るほど辛いというより痛い料理はエチオピア料理をおいて、ないだろう。その証拠に、わたしはガーナ料理以外は全て現地で食べたが、飛び上がったことはない。

とにかく何にでも唐辛子が入っている。シチューに唐辛子が入っているくらいは驚かないが、パンはすっぱい上に唐辛子が入っていて、唐辛子の粉で真っ赤だ。とてつもなく激辛なのだけれど、それを地元の人たちは当たり前に食べている。わたしも彼らと同じように口に運んでみると、舌が火傷し、のどがこげるような辛さが身体中を襲ってくる。あまりにも辛いため、わたしがもっとマイルドな味にしてくれないかと頼むと、コックさんはすぐに「お安い御用だ、唐辛子を抜けばいいだけだ」と言って、塩味のきいた料理とふつうのパンが出てきた。

そこでイタリア製のビールで食事をして、近くのホテルに帰ると、これまで体験したことのない下痢がはじまった。赤痢かコレラか、風土病か何かにかかってしまったのではないか、と思ったほどだ。めったに下痢はしない体質だから「ビールが古かったのかな」くらいで寝ようとしたが、どうにも下痢がとまらない。そういえば学生の頃、買ってから10年たった泡の立たないビールを飲んでも下痢にはならなかった。これはビールのせいではなさそうだ。

さすがにまずいと思って、日本の医者から、いざというとき飲めと言われたエマホルム（キノホルム製剤）を飲んだが、何の効果もない。ベッドにも行くひまもないくらいの下痢に悩まされたのは、人生後にも先にもこの時限りだ。下痢は身体の防御策だから悪い菌を全部出してしまえば治ると腹をくくった。

結局、わたしは24日の夜から25日、そして26日の朝に至るまで、トイレを離れることができなかった。さすがにホテルの女性スタッフが心配して栓を抜いてコーラをトイレの端に置いてくれた。脱水症状にならないように飲めというのだ。もっとも本物のコーラだったのかは今となってはかなり怪しいが、これで助かった。いずれにしろ、これをチビチビ飲みながら、「もう大丈夫か」と思ってトイレから立っては再び便意を催し、また便座に舞い戻るありさま。これを丸々2日間続けていた。

何本コーラを飲んだが覚えていないが、発熱もないし、嘔吐もしない。やや小康状態になったので、最後にやけくそで正露丸をガバっと飲んだら、下痢の間隔が間遠になってきた。丸2日以上、ここで死ぬのかと心細かった。いざとなったら、あの可愛いメイドに救急車でも呼んでもらおうと覚悟はしたが、命がけで戦っているタンザニアの解放戦線に恥ずかしいという思いもあって、頑張った甲斐があった。コーラと正露丸のおかげで少しずつ回復してきた。

原因はよく分からなかった。これまでわたしは出てきた食事で受け付けないものは無かったし、何本ビールを飲んでも腹を壊したことはない。生のものを口にしたわけでもない。

今から考えれば、唐辛子が一種の毒消しになっていたのだろう。何かの殺菌作用を果たしていた唐辛子を抜いてしまったが故にお腹を壊してしまったのに違いない。やはり、その土地の料理を土地の料理人がつくっているのだから、大量の唐辛子を入れるのも何かしら理由があるのだろう。ビールで胃液が薄まったのもまずかった。これからは現地の人と同じものを食べて飲もうと決心した。

ようやく26日になると下痢はとまった。身体は弱っていたが、少し町中を歩いてみたら歩けるので、翌27日にはケニアの首都ナイロビに向けて飛行機で出発した。

エチオピアとケニアの国境付近では内戦が繰り広げられ、陸路で国境を移動するのは両国政府が禁止している。だから飛行機での移動とならざるを得ない。そのことは日本で分かっていたから飛行機は日本で手配済みである。要するにスーダン国境もケニア国境もエチオピアへは陸路で入出国ができなかったのである。

6月27日・ナイロビ

ケニア、タンザニアが旅の主目的だったから、ケニアまで来たときには「いよいよか」という興奮があった。

ナイロビでは国立公園でアフリカの野生動物を是非とも見ておきたかった。ナショナルパークの中は基本的に車での移動に限られる。動物を刺激しないよう「大きな声を出すな」と注意された。当時撮影した写真を見ると、いるいる「ライオンの親子」、「カバ」、「ワニ」、「インパラ」、「キリン」、「シマウマ」、「ダチョウ」。アフリカ名物は全部見たのだ。いなかったのは「ゾウ」くらいのもの。

普通の車でも入れるのだろうが、さすがにここはガイド付の車に乗り込んだ。6人程の相乗りだが、第2次世界大戦で片足を失ったドイツ人のおじいさんが車のルーフから身をのり出してガイドに指示をする。英語はできないのだが、「とまれ」を「ストッフェン」などと勝手にドイツ語化した英語を使う。独善的な人物だったが、おかげで隅々まで走りまわれた。

10キロ四方の地域に猛獣がひしめいているから、当然周囲はフェンスがあるはずである。ナショナルパークを出て街まで大した距離ではないからヒッチハイクでホテルに戻ろうとしたが、全く止まってくれない。

歩き続けて、やっと見つけた車はこの近くの車だから広い道で落としてやると、おろされてしまった。すっかり暗くなったから、大きな道といっても車は1台も通らない。やむを得ず野宿を覚悟して、夜、気持ちよく寝ていると——。

「ウォオ、グォオ」

獣の唸り声が地面を突き上げてきた。ライオンの咆哮だった。

まさに地べたが揺れるような唸り声。外は真っ暗闇で、外灯など無い。ライオンが、すぐ近くで鳴いているような気がして、ものすごく恐ろしく感じた。飛び上って起きたわたしはたき火をし、空き缶を拾ってカンカン音を出し、「こっちに来るな」という一念で必死に大きな声で歌を歌い続けた。熊ならともかく、ライオンに効果があるのかどうか分からないが、黙っていてガブリではたまらないから、スーダンで買ったナイフも取り出して身構えたり、大騒ぎである。公道とナショナルパークの間には絶対にフェンスがあるはずだとは思ったものの、ゴルフの練習場みたいな網囲いを見たわけでもないから、心底怖かった。

早朝やっと止まってくれたヒッチハイクの車に慌てて乗り込み、昨晩の出来事を運転手に話した。

「ものすごく恐ろしかった。ライオンが今にもやってきそうだった」

「何言っているんだ。ここはナショナルパークの外だから、動物のいる場所には金網があるからここには来ないよ」

「いやいや、そうは言っても、地べたが揺れるほど恐ろしい唸り声だった」

「大丈夫だよ、ライオンのいる場所なんて何キロも離れているよ」

こんな感じで運転手はわたしの話を取り合ってくれない。「この人は昨日の様子を知らないから平気なんだろう」と感じて、何度も怖かったとくり返すが、「時々ライオンは吠えるよ」と平然としたものだ。

こういう体験をしてきたから、後に総会屋と相対した時には全然怖くはなかった。総会屋だって、地べたが揺れるほどの声で叫ぶ者などいないし、警察もある。国政選挙での一票の格差を巡る問題では国と争っても、司法での争いだ。でも相手がライオンではかなわない。

その意味で、アフリカでは実に恐ろしく、実に有意義な体験をすることができたといえよう。野生のライオンの声を、地響きのような唸り声を聞いただけでもアフリカに来た意味があった。かつて八田一朗監督が率いる日本のレスリングチームは東京オリンピックで勝つために、上野の動物園でライオンとにらめっこをしたそうだ。ライオンは咆哮したのだろうか。

第四章　ソニー製のラジオ

6月29日・ナイロビ

ナイロビの大使館では一悶着があった。

日本にいる友人や家族からの郵便物はカイロやナイロビの大使館気付で送るように頼んであった。この日わたしも家族から自分宛の手紙が届いていないか、ナイロビ大使館に受け取りに行った。

日本大使館に入ると、日本人の大使館員はわたしを一瞥して、こう言い放った。

「そこに段ボールがあるだろう。中に旅行者向けの郵便物が入っているから」

わたしはよごれ切ったジーンズをはいて、盛大な無精ひげを生やした大学生。ヒッピーではないけれど、見た目の清潔感はゼロに等しい。淡々と「そうですか、分かりました」といって床に置かれた段ボールの中の雑多な名前の封筒から自分宛のものを拾い集めているわたしに対し、その人は「お前なんて帰国したところで就職先なんかないんだろう。日本は尊敬されているのに、お前のような奴らが国威を貶めているんだ」とまで言い放った。大使館は日本国民のために存在し、その便宜をはかるのが館員の役目なのにこの暴言は許せなかった。

「お言葉ですが、わたしはこう見えても司法修習生になるんです」

「え、お前は大学なんて出ているのか」

「東京大学法学部です。検事になるかもわかりません」

「そうなのか、大使もヒマだから、今晩、食事でもつきあってもらおうか」

まさに手のひら返し。そんな差別主義のふらちな外交官に腹を立て、わたしは「いやなこった」と一言、言って飛び出した。東大も検事も関係ない。日本人というだけで大使館は保護する義務があるんじゃないか。国威もへちまもあるものか。こんな根性の役人ばかりでは一般の国民はたまったものではない。

実はその時、一緒に行動していたマイク・ミラーというアメリカ人の学生がいた。彼も日本の役人根性におどろいて、次は二人で彼の郵便物を受け取りにアメリカ大使館に出向いた。すると、アメリカ大使館では段ボール箱などはなく、郵便物が状差しにイニシャルのアルファベット順に並んでいて、丁寧に整理してあった。マイクはアメリカ人はこんなに大勢旅行者がいてもちゃんとしているのに、日本は少ないのにどうしてあんなに粗雑なのかと不思議がっていた。

彼はケニアからどこかの国に陸路で入りたいというので、そこのビザを取得しようと思っていた。ところが、その国の大使館は飛行機の往復切符が無いとビザを出してくれないから「困ったな」と言って、アメリカ大使館員に相談すると、何とその大使館員がＰＡＮＡＭに電話をしてチケットの発行を頼んでくれた。

それは1年間有効の往復チケットで、これを持っていけばその国のビザを取得できる。だから、ビザを取得したらチケットをＰＡＮＡＭに返してくれれば金は払わなくてもいい、という。「そこまでしてくれるのか」と、わたしは本当に驚いた。わたしもアメリカ人になりたいと思った瞬間である。

しかも、その大使館員は「そろそろ、お茶の時間だから一緒にお茶にするか」と言ってくれた。わたしは「僕は日本人だから」とためらっていると、「同盟国だからフレンドだろ、いいじゃないか」と言って、わたしにまで紅茶とケーキを出してくれた。

マイクは「俺はアメリカのタックス・ペイヤーなのだからこんなことは当たり前だ」と、パクパクとケーキを食べている。わたしが国民のことを米国では「タックスペイヤー」と呼ぶのだとはじめて知ったのはこの時であった。

日本の大使館では水一杯出ない。本来、大使館の仕事というのは自国民のために行動するものなのに、ナイロビで見た日本の大使館員は、わたしのために働いているなどとは決して思えなかった。単なる威張り腐った役人という印象で、アメリカと日本の民主主義の差を思い切りあじあわされた。

さすがに、今の時代の役人はそんなあからさまな態度をとることはできないだろう。当時は時代も違うし、その頃のケニア勤務なんて、プライドの高い外交官にしてみれば、島流しにあったような感覚だったのかもしれない。それでも、わたしは50年経っても、「役人」と聞いた瞬間にあのケニアの下級外交官を思い出してしまうのである。

聞けば、彼らは毎日、現地の商社マンや駐在員とゴルフをして日々を過ごしているとか。だからこちらもムッとしてあえて弁護士志望とは言わず、「将来は検事か裁判官になるからお見知りおきを」と啖呵を切って帰ってきたわけである。

翌7月1日には、日本大使館の協力など一切なしにタンザニアのビザを取得。ナイロビを出発し、雪をかぶったキリマンジャロを真正面にながめながら、タンザニアのダルエスサラームを目指した。

7月3日・ダルエスサラーム

ナイロビからバスで1日以上走り続けて、朝7時にダルエスサラームに到着した。ここはタンザニアの東部、インド洋に面した港町で、タンザニアの首都でかつ最大の都市である。実はここここそが、今回の旅の最大の目的地である。

ご存じのように、第2次大戦後、アフリカ各地でヨーロッパ列強による植民地支配からの独立運動が起こり、スーダンやモロッコ、チュニジアといった国々が続々独立した。〝アフリカ独立の父〟と称されるエンクルマ・ガーナ初代大統領に引きずられるように、カメルーン、セネガル、マリ、ナイジェリアなど、西アフリカの国々が独立を果たした1960年は〝アフリカの年〟と言われた。同じ年の秋、国連総会でガーナのエンクルマ大統領がアフリカの独立支援と南アフリカ共和国における人種差別の不当性を訴えた演説は、内外で大きな反響を呼んだ。

南アフリカの歴史を紐解くと、1652年にオランダがケープ植民地を設立。その後、イギリス人がオランダ系入植者のボーア人を征服して1910年にイギリスの自治領として独立した。植民地支配からの独立を果たしたものの、南アフリカでは入植者のボーア人やイギリス人ら、いわゆる白人の子孫による黒人の支配が強化されていった。これが後の「アパルトヘイト政策（人種隔離政策）」につながり、1961年には英連邦から脱退し、共和制に移行した（「南アフリカ共和国」成立）。

こうした人種隔離政策に対して、その撤廃を要求した現地の黒人たちが立ち上がり、組織化されたのが「ANC（African National Congress＝アフリカ民族会議）」だった。ANCの若いリーダーの一人が、1994年に同国初の黒人大統領となるネルソン・マンデラ氏である。マンデラ氏は1962年に当時の政府により、国家反逆罪で逮捕。終身刑となり、27年間もの長きにわたり監獄生活を余儀なくされる――。

わたしがアフリカを訪れたのは、そうした激動の時代だったのだ。

これまでずっと虐げられてきた人々が立ち上がり、次々に独立国家が誕生していく。そうなると21世紀はアフリカを中心に回るようになるのではないか。アメリカに行ったことのある人やヨーロッパに行ったことがある人は大勢いるだろうけど、アフリカに行った人はほとんど聞いたことが無い。もちろん危険も沢山あるに違いない。

それでも、そういう命がけの経験をすることで、人として一皮、二皮むけるだろうし、これから先の弁護士人生に生きてくることも多いはずだ。記憶力にすぐれただけの東大卒の甘ったれたお坊ちゃんではロクな弁護士にはなれない。そう考えて、アフリカまで辿り着いたのである。

日本にいた頃からわたしは南アフリカの解放闘争を主導するＡＮＣの幹部に会いたいと考えていた。ＡＮＣの兵士たちは、南アフリカの白人支配の確立しているケープタウンやプレトリアから離れた地域で解放闘争を展開している。また、南アフリカとタンザニアに挟まれたモザンビークでも、ポルトガルからの独立を目指すＦＲＥＬＩＭＯ（モザンビーク解放戦線、現政府の母体）が結成されていたし、アンゴラやギニア・カーボヴェルデでも解放闘争が進み、アフリカの各地で独立戦争の火の手が上がっていた。

タンザニアは、１９６１年にイギリスからタンガニーカ共和国として独立。64年にタンガニーカ・ザンジバル合邦によりタンザニア連合共和国となった。そのためタンザニアはどこの支配下でもない中立国で、アフリカ人が自分の国を自分たちでつくるための各地の解放闘争に理解があった。そのためＡＮＣやＦＲＥＬＩＭＯなど、各国の解放戦線の事務所がダルエスサラームに集結。いわば革命の出張所のようなもので、お互いに情報交換をしたり、ここから武器の調達もしていた。

当時、各国の解放闘争の指導者は、ほとんどがヨーロッパに逃がれていた。イギリス領ならロンドン、フランス領ならパリという感じで。ポルトガル領の人たちはリスボンが危険すぎるということでパリかロンドンに行っていた。だから、野戦部隊の人たちは現地で戦争しているし、ダルエスサラームに集まっている人たちは国際的な政治局員とでも言えばいいのだろうか。わたしが会いに行くのはそうした人たちだった。

事務所には銃が転がっているわけでもなく、別にタンザニアで戦争をしているわけではない。ここはいわば情報収集と広告宣伝（アドボカシー）のための場所で、ドンパチ銃火が飛び交うのはあくまでも現地だ。すでに独立していたケニアやタンザニアは黒人大統領の下で経済発展の道を歩みはじめていた。

２０１３年にケニア・ナイロビでイスラム過激派武装集団がショッピングモールを襲撃し、一般人39名が犠牲となった事件があったが、むしろわたしの渡航した頃よりも現代の方が治安は悪いかもしれない。

タンザニアの初代大統領のジュリウス・ニエレレという指導者は卓越した政治家で、争いのない平等な社会の実現に向けて尽力した人だ。

ニエレレ大統領はアフリカが真の独立を果たすためには、先進国からODA（政府開発援助）のような寄付金をもらって国をつくっても仕方がないと考えた。橋が必要ならば、その橋を自分たちで架けられるように努力しよう。他の国の人たちに橋を架けてもらうような援助を受けていたら、いつまで経っても属国のままだ。この国が強くなり、立派になっていくためには、自分たちの国語であるスワヒリ語で教育をし、産業を興していくことが必要なのだ。そういう素晴らしい理念を持った指導者であった。残念ながら彼が領導したアフリカ社会主義は失敗し、今でも貧乏な国のままなのだけれど、ニエレレが死んで15年経った最近は少し変わってきて、二〇一四年に行ったときは中国の経済支援や商業的な投融資が目立っていた。

わたしが感じたのは、ルック・イーストではないけれど、当時のアフリカは日本の明治維新の頃の雰囲気に似ていたのではないかということである。明治維新のころ日本にも素晴らしいリーダーがいて、新しい日本国をつくろうと頑張ってきた。ところが、最初はとても良い方向で動き出した革命も、段々組織が硬直化。軍閥が支配し、能書きを垂れるだけの官僚が支配しておかしな方向に動いていく。創設者は良くても、金を自分のポケットに入れるような人間が出てくると組織は一気に腐っていく……。

これからは誰がニエレレ大統領の志を継いでいくのか。経済の豊かさだけで人々に幸せはもたらせるのか。昨年は久しぶりに訪れたタンザニアで、ぼんやりとそんなことを思っていた。

7月4日・ダルエスサラーム

さて、日本を発つ前、わたしは野間寛二郎さんや楠原彰さんというアフリカの研究者から教えを受けていた。野間さんはわたしより32歳年長の民間アフリカ学者で、楠原さんは後に國學院大学の教授になる方で、アフリカ諸国を訪問してフィールドワークを続けていた。野間さんや楠原さんに聞けば、ＡＮＣの実態や連絡先が分かると思ったからだ。

わたしはダルエスサラームに到着するや、お二人から聞いていたダルエスサラームのＡＮＣ駐在事務所に電話を入れた。すると、楠原さんもお会いしたことがあるピリソという駐在員が、わたしの宿泊していたホテルまで迎えに来てくれた。

ピリソ氏は40歳手前といったところか。わたしより10歳ちょっと年上に見える。彼はＡＮＣの駐在員だから、てっきり立派な車で迎えに来てくれるのかと思ったら、オートバイでやってきた。聞けば、「うちのトランスポーテーションはこれ一台だ」と。オートバイの後ろに乗っかれというので、バイクに二人乗りして事務所まで連れていってもらった。

写真は禁止されていたから微かな記憶しかないけれど、事務所といっても立派なビルなどではない。本当に小さな一軒家のようなところで、何人かの駐在員がいる部屋に通してもらうことができた。

彼らはアフリカ行動委員会という日本の我々の組織を知っていた。楠原さんもそこのメンバーであったから、楠原さんに聞いていたのかもしれない。わたしもそうなのかと尋ねられ、わたしがＡＮＣに興味を持った理由を説明し始めた。

各国で解放闘争をしている中で、ＡＮＣが戦っているのは南アフリカだ。ここはダイヤモンドがとれるから経済力があるし、すごく強力な軍隊もある。さらにＡＮＣのトップであるネルソン・マンデラ氏は獄中に入っているから、とても大変な状況なのだろうと考えた。

「マンデラ氏が獄中にいる以上、あなた方は誰の命令で動いているんだ？」

「全ては自主的に決めている。ただし、ソ連と中国の双方から支援を得られる範囲で」

基本的に、白人支配による南アフリカ政権のバックには欧米諸国がついていた。一方、ＡＮＣやＦＲＥＬＩＭＯといった反政府側は、ソ連や中国から兵器などの支援を受けていた。いわゆる東西冷戦の構造だ。しかもソ連と中国は一枚岩ではない。そのため、彼らはソ連にも中国にもそっぽを向かれると困ってしまう。１９６８年８月のプラハの春事件では中ソは激しくやりあった。「そうした国際政治の中で、自分たちの獲得目標を実現しようと思えば、自主的に決めて行動することが一番なんだ」と言われ、わたしは感心してしまった。

彼らは冷静に自分たちの立ち位置を見つめ、東西冷戦＋中ソ対立下の現実的な選択の中で自主的に行動している。同じ世代の人間なのに、彼らは非常に大人に見えた。

すると、今度はピリソ氏から思いがけない質問があった。

「日本は同じ有色人種として、俺たちを助けてくれると思っていたのに、なんで俺たちを攻めてくるんだ?」

要するに、当時の南アフリカ国内では白人か、バンツー(黒人)か、カラード(混血やアジア人)に分類され、就業できる職業や居住地域まで決められていた。日本人はバンツーではないものの、同じ非白人だ。第2次世界大戦には負けてしまったかもしれないが、その前には日清戦争で欧州列強の支援を受けた中国に勝ち、日露戦争でロシアを倒した。我々(ANC)は今、中国やソ連から支援を受けているけれど、それよりも強かった日本は同じ非白人として我々を助けてくれるものだと思っていた。

ところが、ANCが戦う南アフリカの政府軍は、トヨタ自動車の四輪駆動車「ランドクルーザー」を改造し、屋根に機関銃を載せて、戦車のようにして我々を攻めてくる。「なんで味方であるはずの日本が、わざわざ車をあいつらのために輸出して、俺たちの妨害をするんだ?」というわけだ。

これがイギリスの車メーカー・ランドローバーであれば、白人同士だから分かる。けれども、日本人という我々と同じ有色人種で、本来差別される側にいるはずの人たちが、向こう側についてそんな危険なものを売りわたすんだ? と。彼らの理屈はこういうことだった。

なるほど。彼らは日本に対して、そういう見方をしているのか。わたしは非常に驚いてしまった。

ランドクルーザーは砂漠や山岳地帯といった過酷な環境を物ともしない頑丈な車だ。ましてや軍事用に改造されたタンク（戦車）のような使われ方をしているのであれば、彼らが「日本は政府軍の味方をしているのか？」と思うのも仕方がないような気がした。

トヨタのホームページ（トヨタ自動車75年史）によると、１９５０年代後半から南アフリカやナイジェリア、アンゴラなどにランドクルーザーを輸出し始めたと書いてあるけれど、みんな独立運動の盛んな国だ。果たして、その時の政府軍の乗っていたランドクルーザーが、日本から直接輸出されたものなのか、それとも他国から流れてきたものなのかは分からない。

ただ、問題は輸出した後の車の使い方だからといって、わたしたち日本人には直接の責任が無いなどとは到底言えない。その時、わたしが強く思ったことは「誤解であろうと、なかろうと、そういうことに対して思いを致さなければならない、というのが海外に出るということなんだよな」ということだ。

多くの日本国民はあまりにもそういうことを考えずに経済復興一筋に励んでここまできた。世界は非常に複雑に絡み合っているのに、日本では日本一国だけで全てが完結してしまうような発想ばかりで、これでは真の国際化（今で言うグローバル化）などできない。世界という大きな物差しで測った場合、何が正しいのかということは実は簡単に決められるものではない。それを23歳にして感じることができただけでも、わたしはアフリカに行って良かった。

アフリカは、その後のわたしの人生を大きく支える原点となった。

今から当時を振り返って考えること

わたしは2015年の夏までに、165の国と地域を回ってきた。沢山の国や地域を見てきて、思うのは、国際比較ということと歴史比較という二つを総合的に考えないと、物事の判断はできないということ。

例えば、前述したように、南アフリカ西部のケープ地方は1795年以降、イギリスが支配した。南アフリカ東部のトランスヴァール、オレンジ自由州は第１次ボーア戦争まではボーア人（オランダ系移民を中心としたアフリカーンス語を母語とするオランダ改革派教会の信徒）によって支配されていた。第２次ボーア戦争ではイギリスが勝利して南アフリカ全土を支配する。１９６８年当時の政府軍側であった白人層というのは、いわばオランダやイギリスから入植してきた人たちの子供世代にあたる。同じように、かつての日本も満蒙開拓団で満州に出て行った人たちが沢山いて、結果的に中国を支配するようになった。顔の色は似ているとはいえ、そこでもある種の人種差別が生まれていったことは否めない。

だから国というか、もののあり方というのは、歴史的に見れば必ず因果関係があって、理由があるから結果がある。でも「それは悪いことだから直せ」と言ったって、すぐには直せない問題もある。当時のボーア人の息子たちだって、自分たちの祖先はオランダ出身かもしれないけど、自分自身は生まれた時から南アフリカにいて、ここが俺たちの故郷であると信じている。満州で生まれた日本人の子供たちにしてみれば、満州が故郷だったのだ。だから、「帰れ、帰れ」と言ったって、どこかに逃げ道を作らないと問題は解決できない。

後に、ＡＮＣのリーダーだったマンデラ氏は獄中から解き放たれ、「ここは黒人だけの国でもなければ、ボーア人だけの国でもない。我々の国ではないか。だから、この国を共により良いものにしていこう」と訴えた。フレデリック・デクラーク大統領と人種差別を撤廃しようといって握手をした。

肌の色ですみ分けをするのではなく、ブラック＆ホワイトの差別もない国をつくろうと訴え、人種差別の解決にこぎつけたマンデラ氏は本当に優れた政治家だと思う。

結局、日本というのは特別な国かもしれない。帰属する民族の違いを理由として血で血を洗うような争いなど一度もなくここまで来られたというのは、世界的に見れば奇跡に近い。関東大震災時の朝鮮人虐殺や昨今の在日コリアンなどに対するヘイトスピーチなどは日本の正統な行動様式ではない。

海外に出るということは多様性を認めるということだ。東洋対西洋なんて単純な対立構造に持っていくのではなく、西洋の中にもボーア人もいれば、アングロサクソンもいるし、南アフリカ人といっても何十もの部族が共存して住んでいる。我々は、そうした異なった文化や価値観を理解することが大切だ。

世界中の歴史と地理の両方を知り、人間の本質とは何か？　人は何を考え、どう行動して生きたのか？　を考えると、少しずつではあれ、お互いのことが分かってくるものだ。歴史を学ばない者は何度も同じ間違いを繰り返すけれど、かといって地理を学ばず歴史だけを頭に入れても行動できない。現場に行って分かることは山ほどある。

わたしの場合はたった半年だったけれど、されど半年。半年間、日本を離れ、日本語とは無縁の生活を送ることで、今ではこうした考えを持てるようになった。何も3年も5年も世界を放浪しろ、と言っているわけではない。わずか半年でいいのだから、多くの日本の若者が海外に出ていき、人としての〝何か〟を学んできてほしいと思う。

ソニー製のトランジスタ・ラジオ

「それは違うよ」――。

その時、そう言って、わたしがピリソ氏に差し出したのが、ソニー製のトランジスタ・ラジオだった。多くの日本人は人種差別に反対だ。

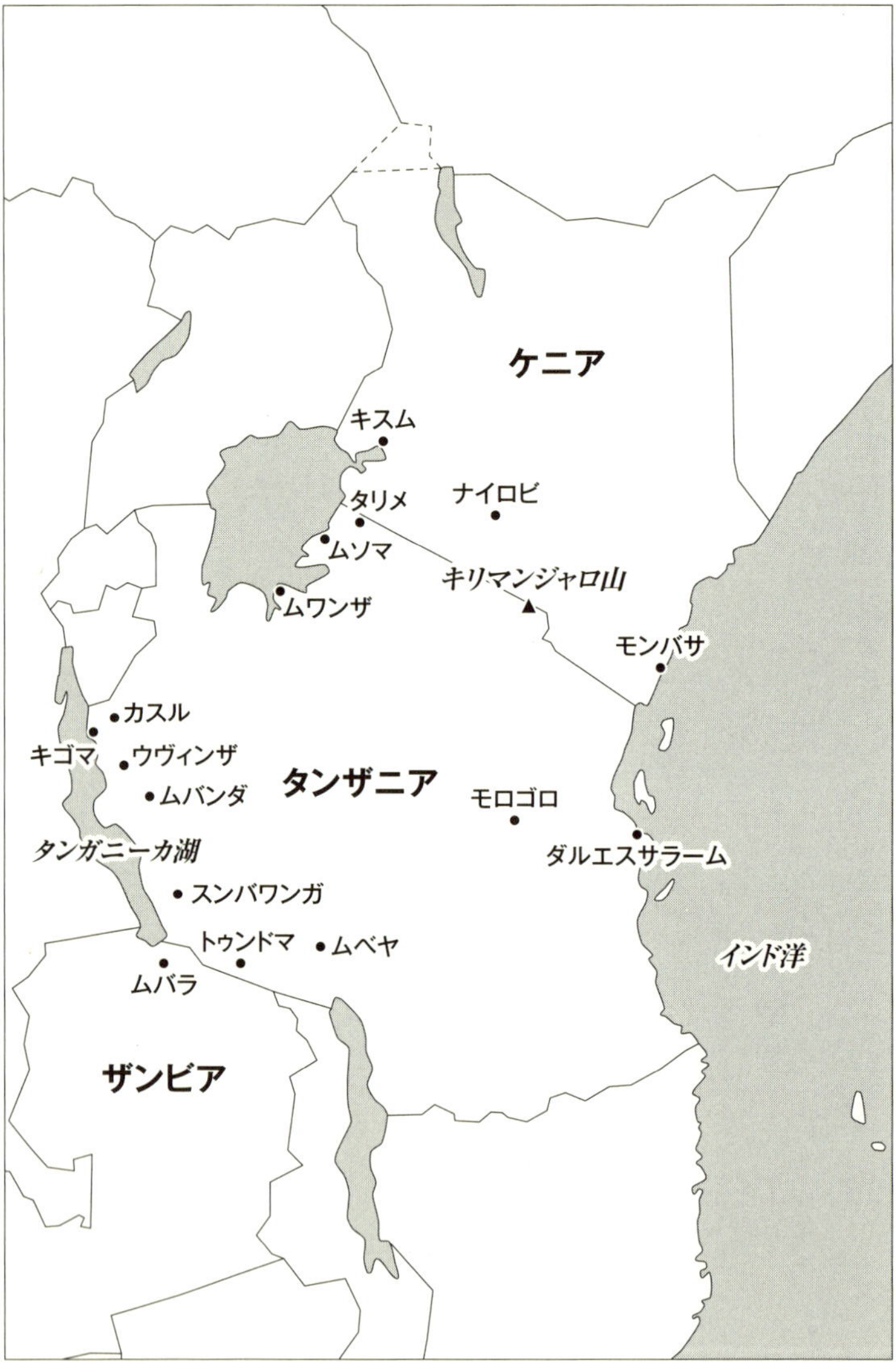
ケニア
キスム
タリメ
ナイロビ
ムソマ
キリマンジャロ山
ムワンザ
モンバサ
カスル
キゴマ
ウヴィンザ
ムバンダ
タンザニア
モロゴロ
タンガニーカ湖
ダルエスサラーム
スンバワンガ
トゥンドマ
ムベヤ
ムバラ
インド洋
ザンビア

これはきっと武器になる。軍と警察の動きを察知するための無線傍受に役立つはずだ。機関銃でもランドクルーザーでもないけれど、同じ有色人種として皮膚の色で人種を差別してはならない。わたしはあなた方を応援しているよ。そういう思いを込めての贈り物だった。

「ささやかなわたしの気持ちだ。受け取ってくれ」

わたしがそう言うと、彼は「ありがとう。これを活用して頑張るよ」と喜んでくれた。

実は以前、わたしはあらかじめ日本からANCの事務所宛てに、ラジオを1台送ったことがあった。アンチ南アフリカ政府という姿勢を見せたつもりだったのだが、どうも届かなかったらしい。どこかの政府の税関あたりで没収されてしまったようでピリソ氏は「こんな大切なものをなんでみすみす奴らに渡すんだ」と言って、かなり悔しがっていた。だから、彼らがこんな小型ラジオを目にしたのは初めてだったのかもしれない。

その晩、彼はわたしを夕食に誘ってくれた。わたしは海沿いにある浜辺のホテルに泊まっており、彼は何人かの仲間を従えてやってきた。そして、明日はモザンビーク

で解放闘争を行っているＦＲＥＬＩＭＯの人を紹介してくれるという。幾ばくかの緊張と興奮がないまぜになったまま、わたしは一晩中彼らと話し続けていた。

7月5日・ダルエスサラーム

翌日、ピリソ氏が紹介してくれたのは、ＦＲＥＬＩＭＯのジュダス・ホンワナという青年だった。10歳くらい年上のピリソ氏と違い、ホンワナ氏は30歳手前。わたしとほぼ同年齢だと思ったので、少し親近感が湧いた。

ＦＲＥＬＩＭＯやＡＮＣはダルエスサラームでも普段は全く別々に行動しているし、もちろん、一緒に住んでいるわけではない。それでも、きちんとお互いに情報は密に取り合っている。だから、ホンワナ氏もわたしの訪問を快く迎え入れてくれた。

彼の言葉には迫力があった。自分たちはいつ死ぬか分からない。命がけの戦いをしている。しかし、全てはモザンビークをポルトガルから解放するためであり、黒人たちを南アフリカから解放するためであると。それを聞いて、わたしは「自分の生き方はずいぶん甘いな」と思わずにいられなかった。日本人全員が甘くて、小さくて、弱いと思えた。国を想い、遠くの同志に思いを馳せ、命をかけて戦っている彼が非常にまぶしく思えた。

タンザニアに滞在中、わたしは解放闘争のゲリラ兵たちの訃報に接した。戦死した兵士のために祈りを捧げていた兵士が、翌日には亡くなったという。日本が戦争をしないのは素晴らしいことだ。しかし、日本で命を懸けて正義のために戦っている人間がどれだけいるのだろう。そう考えると、「命がけで正義のために戦う弁護士になるんだ」という気持ちが芽生えた。

実際、その後の弁護士人生で殺されるかもしれない困難や難しい局面を迎えた時、アフリカでの体験が何度も生きた。

１９８０年代、株主総会からの総会屋排除に取り組んでいた時には事務所や自宅に何度も無言電話がかかってきた。窓越しに空気銃で狙われたこともあった。友人から防弾チョッキを勧められ、実際に着用して株主総会に臨んだこともあった。

わたしはそれでも恐怖感など湧いてこなかった。

ピリソ氏にしても、ホンワナ氏にしても、もうこの世にはいないかもしれない。いや、おそらくいないだろう。ＦＲＥＬＩＭＯはモザンビークを解放しようとし、ＡＮ

Cは南アフリカを黒人の手に戻すといって、彼らは必死で自分の国をつくろうとしていた。FRELIMOの初代書記長（総裁）モンドラーネはわたしの帰国後、1969年、わたしも訪れたダルエスサラーム事務所で爆弾の仕込まれた本の爆発により暗殺された。その後継者のサモラ・マシェルは独立後、初代大統領となったが、彼も飛行機事故をよそおって暗殺された。未亡人グラサ・マシェルはネルソン・マンデラの3人目の妻となった。

だったら、わたしは総会屋ごときに恐れをなしていいのか。アフリカまで行ったのは一体何のためだったのか。あそこで命を落としていいと思えたのに、こんなことぐらいで怯えていられない。

あの時、わたしがアフリカで命を落としていれば、結婚もしていないし、子供もいないし、何にもない。ピリソ氏やホンワナ氏は、子供もいなくて、結婚もせずに死んでいったのかもしれない。仮にそうだとしても、彼らの志や生き様は南アやモザンビークでずっと生き続けているはずだ。世界を本当に良くするためにわたしはどうしたらいいのか。このことを今も考えている。

45年の弁護士生活で、わたしも多少のお金や名誉を手にしたのかもしれないけれど、彼らの志を忘れることは許されない。

だから、そういう思いを忘れないように、時間があれば今でも世界中を訪問して、貧しい人たちにまぎれこんだり、苦しい人たちの生活に触れたりしている。23歳で死んでいたと思えば姓名も金も名誉もいらない若者に戻って、何事も乗り越えていくことができるだろう。

われわれは何者かに生かされている。それが神様なのか、お天道様なのか分からないけれど。お天道様が常に上から見ていると考えて、お天道様に正直に生きていくことが大事なのだと思う。腹をくくり、お天道様に正直に生きれば、たとえ目の前に困難が訪れようと人は前に進むことができる。それが生きる意味というものだ。

ホンワナ氏への手紙

半年間の放浪を終えた後、翌年4月にわたしは司法研修所に入った。その時、自分の抱負としてホンワナ氏にあてたオマージュを青年法律家協会の機関誌に書いた。

少し長いが引用しよう。

「親愛なるジュダス・ホンワナ君へ

昨年、タンザニアの首都ダルエスサラームにある君たちモザンビーク解放戦線の事務所を訪れてからもう1年になろうとしている。今年2月3日に君たちの総裁エドアルド・モンドラーネ博士が暗殺されたことは我々にとっても大きな衝撃でした。君たちへの打撃は計りしれないものがあったことでしょう。

しかし、君たちの彼への追悼文を読んで、これならモザンビーク解放戦線は大丈夫と大いに意を強くしました。その中で特に『我々は彼（モンドラーネ）が我々のために他の人々の言葉で話すことができたのを感謝している。彼はモザンビークに声を与え、世界に対して我々を代表して我々を語った』という部分は、法律家の卵として勉強しているぼくにも考えさせるものがありました。

大体、権力というものは、一般的に〝権力の言葉〟を話すものしか相手にしようとしないものです。ぼくの国の法廷もその例外ではないようで、働く者の感情や働くことさえできない弱い者の心からの叫びもそのままでは決して法廷の入れる所にならず、法律用語という一種の権力の言葉によらなくては力をもちえないのです。

そのためにこそ、人民の言葉を権力の言葉に翻訳する者として弁護士が存在するわけでしょう。ぼくはその意味で、モンドラーネ博士がそうであったように〝権力の言葉〟のすぐれた使用者になりたいと考えています。これが目下の大一番の抱負です。しかし、権力の言葉を話すだけでは大して意味のあることではなく、それによって何を語るかが問題なのです。ぼくは、権力の言葉を知らない〝人間〟の心を権力の言葉を通じて権力に語りかける存在としての法律家になりたいのです。

しかし、ここに一つの疑問があります。

即ち、権力とは、奴隷の言葉により服従する対象か、粉砕すべき敵でしかないのではないか、人民の心を権力の言葉によって伝達できるのか、といった問題です。もしこれを認めれば、それは弁護士という代理人の自己否定につながります。この点を修習中にじっくり考えてみたいのです。

今のところは、南アフリカ解放運動をすすめているＡＮＣには、アダム・フィッシャーという、レーニン平和賞を受けながら終身刑の宣告を受けて牢獄につながれている弁護士もいるし、『歴史はわたしに無罪を宣告するであろう』と、自己の弁護人となったキューバのカストロも弁護士であったことを考えるなら、権力の言葉で権力と対決することも可能だし、一定の条件の下ではそうすることに重大な意味もあるのではないかと考えている次第です。

しかし、こうしたことはただ頭の中で考えているだけではおそらく堂々巡りをするだけだと思いますので積極的に行動することの中から、学び取ってゆきたいと考えています。

丁度、君たち〝自由の戦士〟が日々の闘いの中から育ってゆくように。

次に会う時は独立をなしとげたモザンビークで！」

「権力の言葉」を話す者

1969年2月、FRELIMOのトップだったモンドラーネ博士が暗殺されてしまった。モンドラーネ氏は米国ノースウエスタン大学院で社会学博士号を得た国連職員だったということもあり、司法試験に受かって、これから弁護士になろうとするわたしも畏敬の念を払っていた。

当時、ANCには牢獄に閉じ込められたマンデラ氏の他に、アダム・フィッシャーという立派な弁護士がいた。フィッシャー氏はオランダ系移住者の子孫として南アフリカに生まれたボーア系白人であるが、黒人への人種差別は不当であると訴え続けた。あの時代の南アフリカで生まれ育った白人としては、珍しい人権思想の持ち主であったと思う。結局、彼は人種差別撤廃を訴えるが故に、レーニン平和賞を受賞しながら、マンデラ氏と同様、終身刑の宣告を受け、牢獄につながれてしまった。

社会主義をめざすキューバ革命を指導した、キューバのフィデル・カストロ前国家評議会議長もまた弁護士。フィッシャー氏にしろ、この頃の第三世界を背負っているのは皆、弁護士であった。

だいたい、権力というものは、法律用語という一種の「権力の言葉」を話す者しか相手にしない。わたしはこれから弁護士になるにあたり、権力の言葉を自由に使える弁護士として人権や平和といったことを真剣に考え、いわゆる権力を指弾していく存在でありたい――。

そんなことを考えていたのだ。

その日の晩もＡＮＣのピリソ氏と夕食を共にした。メトロポールホテルというところで、ポークチョップをご馳走になった。

前日から2日間にわたり、彼らからいろいろな話を聞くことができた。わたしは渡すべきものも渡したし、彼らも普段は訓練や広報活動で忙しい。ずっとここにいても仕方ないので、翌日からはまた旅に出よう。そう思いながら、気付くと深い眠りに落ちていった。

7月6日・ダルエスサラーム出発

ダルエスサラームを出発し、ザンビア方面に向かおうと、モロゴロ、ムベヤ、トゥンドマといったタンザニアの田舎町を転々とし始めた。今ならタンザン鉄道がトゥンドマを通っているが、当時はまだ未完成だから利用するすべもない。ナイロビのような高地とは違い、海側のダルエスサラームやモロゴロのあたりはものすごい暑さだった。ただ、バスに乗ったり、ヒッチハイクをしながら少しずつ内陸に入っていくと、赤道直下とはいえ、朝晩は非常に過ごしやすくなってくる。夜などは寒いくらいだ。今の日本の熱帯夜の方がよっぽど寝苦しいと思う。

車の中では居合わせた人たちといろいろな話をした。彼らがどんな生活をし、宗教は何々で、どんなことに不満を感じているのか。ある人に言わせれば、「ザンビアにカッパーベルトという銅鉱山があるんだけど、そういう場所は白人が全部押さえているから俺たちは貧乏で仕事も何もできない」というし、また別の人は「キャッサバという芋が我々の常食だから食べてみろ」と教えてくれた。

丁度ムベヤからトゥンドマに着いた7月7日はサバサバ（7・7）と呼ぶ祝日である。政権与党のTANUの結成がこの日だからだ。同時にこの日は農業・農民のお祭りになっていて、タンザニア国旗をもった集団が太鼓をたたいて、踊りねり歩いていた。

タンザニアではその後、農民の日は8月8日に移動し、現在では7月7日は産業・商業の日となっているようだ。農業国から商工業立国への変容を示すものだろう。

彼らは普段、キビやキャッサバを食べて暮らしている。当時、キャッサバを目にしたのは初めてだったから、興味深くしていると、出されたものは木の根っこのような形をしている。「こんなもの食べられるのか?」と疑問に思いながら、バス停で売っているキャッサバを練って団子状にしたものを食べたりして過ごした。本当にこの辺では粗末なものしか食べるものが無かった。

わたし自身大したものを食べていないし、動き回っているからかなり痩せた感じがする。ダルエスサラームを出た時が72キロだったから、気付くと日本を出発して12キロ痩せていた。

解放闘争の支援を無事に終え、彼らの話を聞く機会にも恵まれたわたしは、一つの大きな目的を達成した。しかし、単にラジオを運ぶだけが目的の旅なら、日本からダルエスサラームに直行すればよい。わたしはそれだけではなく、せっかくここまで来たのだからできるだけアフリカのいろいろな所を回ってみたいと考えていた。

一言でアフリカといっても、それぞれの国は違う。南アフリカまでは行きたくても会社や政府機関の招待状が無ければビザの取得もできないので、それは無理としてもザンビアにもウガンダにも行ってみたい。とにかく田舎だろうが、奥地だろうが、何でもいいから行けるところまで行きたいと興味が尽きることはない。

ただ、司法研修所に入るためには、10月中旬に行われる身体検査を受けなければならない。これからインドを経由して、きちんとその日までに帰国しないといけない。こんな予定の立たない旅ぐらしで間に合うのかという不安もあったが、最後はインドから東京へ飛行機で直行という手もないではないから、あと3カ月楽しくやろうとい

タンザニアのトゥンドマにてサバ・サバの祭り

ケニア・ナイロビナショナルパーク①

ケニア・ナイロビナショナルパーク②

う気分だった。

7月9日・トゥンドマからザンビアへ

ザンビアとの国境に近いトゥンドマから、ザンビアのムバラに入った。そこからヒッチハイクでタンガニーカ湖畔のムプルングという街に到着する。ここがタンガニーカ湖の南端にあたる。タンガニーカ湖は細長い形をしていて全長670キロもある。東京—青森間に等しい。湖というより海のような印象を受けた。大地溝帯の一部に水がたまって湖を形成し、地球の成り立ちの証人のような存在である。

この辺はヒッチハイクするのも非常に苦労した。バスに乗るといっても、バスはそれなりに大きな町でないと走っていないから、バス停に行くまでにも相当苦労する。かといって、なかなか車は捕まらないし、仕方なくバスに乗れるところはバスに乗って移動する。すると、今度はバス賃がかかってくるから、段々お金も無くなってきた。

渡航時に正規の500ドルと、宝石商をしていた伯父さんが調達してくれた闇の5

00ドル、合計1千ドルを手にして旅に出たのだが、3カ月で残りのお金が心許ない。そこでザンビアではインド人にカメラを売りつけた。カメラはヤシカとオリンパス・ペンの2台持っていたから、「1台あればいい」とヤシカの方を売ったのだ。カメラと言えば、当時は相当高価なもの。400シリング、おそらく2万円くらいの値段で現金を手にすることができた。

ただ、結果的にザンビアの通貨は非常に弱くて、ザンビア以外では使えない。交換はしてくれるのだが、要するにタンザニアやケニアの通貨との交換レートが弱いのだ。しかし、「しまった」と思ったところでもう遅い。とにかく、そんな行き当たりばったりのアフリカ行脚だった。それでも中古ヤシカの元値は7千円くらいだから損はしていない。

その後、翌10日にはヒッチハイクでムバラに戻り、翌11日にもヒッチハイクでタンザニアのスンバワンガというルクワ湖近郊の町にやってきた。

11日には「夜中の2時20分ついに車を見つける」なんていうメモがある。そんな深夜によく、わたしのような得体の知れない日本人を気にかけてくれる人がいたものだ。

今は大分落目になったけど、当時の日本人は本当に世界からの信頼も厚かったように思う。当たり前だが、日本人はアメリカ人でも、ロシア人でも、中国人でもない。アフリカ人と同じ有色人種でありながら、勇敢な国で、世界中と戦い、それに懲りて戦争はもうしないと言っている。個人レベルでも空手や柔道に没頭して日々、精神鍛錬を積み重ねている人間も多い。そんな人間が悪さをしにアフリカまでやってくるわけがない。

たしかに50年前には日本人は世界中でそういう風に見られていた、あるいは善い方に勘違いされていたから、そんな深夜でも車が止まってくれたのだろう。そんな日本のイメージを、きたない風体でひげづらではあっても、わたしは礼儀正しくふるまって、日本人のイメージを傷つけなかったつもりである。もし日本企業や日本政府の役人が尊大なふるまいをしたり、環境を破壊し、札束で利権を買い占めたりしたら、日本人一人ひとりが被害を被ることになる。

7月12日・スンバワンガ脱出

この日は一日中、ヒッチハイクを試みるが空振り。全く先に進むことができなかった。

同じヒッチハイクを断られるのでも、日本とか欧米で断られるのとはわけが違う。アフリカの人たちは皆、心が温かく、手を挙げると結構止まってくれる。でも、この辺は山と湖しかない田舎だから、遠くまで行く大きなトラックにはなかなか遭遇しないのだ。通るのは、農作業に出て行った帰りのような小さなバンかピックアップばかり。わたしはもっと遠くへ行きたいけど、出会う人はみな、ここら辺の近所しか行かないというから、それでは乗っけてもらっても仕方がない。止まっていただいてもかえってこちらが恐縮してしまう。

バスが出現してくれたらありがたいが、それまでは幸運を祈るしかない。

結局、バスを見つけてスンバワンガを脱出し、6時間半かかってタンガニーカ湖の真ん中あたりまで北上したムパンダに移ることができたのは翌13日のことだった。

7月15日・ムワンザへ

ムパンダは何もない草原とかん木がまばらに茂る典型的サバンナである。タンガニーカ湖の東側を北上する形で、ムパンダからウヴィンザ、カスル、キゴマへと尺取虫のように一歩、一歩、バスや近場行きの車を乗りつぎ前進していく。翌15日にはバスでヴィクトリア湖の南岸に位置するムワンザまで一気に来ることができた。その代わり34シリングの大出血だ。

この辺はいわゆる大地溝帯（グレート・リフト・バレー）で、アフリカ大陸の東部を南北に縦断する巨大な谷となっている。約7千キロメートルにのぼる巨大な大地の裂け目となっており、人類発生の地ともいわれている。

ムワンザでは1人の日本人に出会った。現地に駐在している平田紡績という漁網会社の社員・清水謙一郎さんである。この方が付近を案内してくれた。ヴィクトリア湖沿岸は風光明媚な場所で、ビスマルク・ロックという何とも不安定な形の岩が不思議と屹立している岩の塊などを見学。わたしが湖を眺めていると、「ここはあまり入っちゃダメだよ、カバがいるから」などと教えてもらった。

この平田紡績は、かつては日本一の漁網会社だったが、今はＯａｋキャピタルという投資会社に変容している。平田紡績がなくなってルワンザの漁民の網は、アフリカ製になったろうか、それとも中国製だろうか。ヴィクトリア湖の漁業はなくなったはずがないから。

この時、清水さんからお笑いタレントの故・横山ノックさんが参議院議員に当選したことを聞いた。当時の手帳には「横山ノック当選の意味を考える」とある。要するに、非政治家の極みのような芸能人が出馬し、本当に当選してしまうという事実が信じられなかったのだ。単なる人気取りで議席を獲得しようという浅はかな考えの政党にも腹が立つし、当選させてしまう有権者にも問題がある。当時23歳のわたしは、アフリカの地で日本の行方に暗雲を見た。政治をばかにする国民は政治に復讐される。

白人支配から黒人を解放するため生命をかけて頑張っている人たちを目の当たりにしてきたばかりのわたしは、日本の政治の危機的な状況に驚くばかりだった。なんて日本人は空虚でバカなのだろう。フワフワと世間の空気に流されているだけで、人々が真剣に物事を考えなくなっている昨今の風潮はまずい。日本に帰ったら自分が正しい方向に持っていかないと。わたしはそう心に誓った。48年前のことである。

7月17日・ムワンザからケニアへ

15日は清水さん宅に泊めて頂き、久しぶりにバスタブにつかった。全身から驚くほどの赤茶色の土ほこりが出てバスタブは茶色に染まった。16日は製網工場を見せてもらい、清水さんの苦労話に耳をかたむける。

ムワンザには結局2泊した。清水さんに別れを告げ17日には、ヴィクトリア湖の東側をさらに北上した。バスを乗り継ぎ、ムソマ、タリメ、そこからケニアに入ってキスムへと移動していった。アフリカは広いし、人も実に多い。交通手段が限られているだけに過積載は当然だ。バスの屋根に大きな荷物やニワトリなどを満載して、バスはゆるゆると走り続ける。

19日にはキスムを出発し、翌20日にナイロビへ戻ってきた。ここからモンバサというケニア最大の港湾都市に向かうことになる。そこから先は船に乗り、いよいよアジア・インドへ向かう航海が始まる。

インドには行かなければならない。

アフリカでは解放闘争の実態もなんとなく分かったけれど、すぐに勝つかどうかなど分からない。ましてやわたしがラジオを1台、2台渡したところで戦局が変わるわけでもない。それでもアフリカではリアルタイムで大変な戦争を行っていることを実感できた。

一方、インドは1947年にイギリスから独立している。ましてやインド独立の父であるマハトマ・ガンジーは南アフリカで弁護士をする傍ら、人権運動に関わった人物。わたしはインドがアフリカにとって一つのお手本になっているとばかり思っていたものの、アフリカで聞くところでは「独立したって、あんな国ではダメだ」とインドは反面教師とされている。では、何がダメなのか。

アフリカ人は戦後の復興を見事なまでに果たした日本を尊敬しているから、日本をお手本にしたいと言う。だからインドと日本との差も感じるのだろうが、日本はいかにも遠すぎる。日本にあってインドに無いもの。アフリカにあってインドに無いもの。それを知ることができるのなら、これもまた貴重な機会になるだろう。

約2カ月に及んだアフリカ滞在はこうして一旦幕を下ろすことになる。

第五章　笑う国・笑わない国

7月23日・モンバサ出航　さらばアフリカ

21日にナイロビからバスでモンバサにやってきた。モンバサの手前140マイル付近で、ナイロビナショナルパークでは見られなかったアフリカ象に会う。サーカスで見る象より肥え太って大型である。日本のサーカス象はインド象なので、体も耳も小さめなのだ。土埃のせいか全身茶色である。これでアフリカらしい動物には全部出会うことができた。心残りなくアフリカよ、さよならだ。

すでにインドに渡る船は日本で予約してあって、バウチャー（引換券）は日本で支払い済み。マッケンジースミスという、日本でいう旅行会社のようなところに行って、切符に引き換えてもらった。

出発は23日。ブリティッシュ・インディア（B・I）海運という会社の「カランジャ号」という船で、インド・ボンベイ（ムンバイ）を目指す長旅だ。

わたしは朝から乗船したのだが、ものすごい荷物を運び、いろいろな貨物も詰め込んでいるため、出港は夜になった。まさに一日がかりで人やモノを運び込んでいった。

アフリカよ、さらば──。

わたしはそうした思いで、モンバサの港を目に焼き付けていた。

24日、25日と船は丸々2日間、海上を進んでいく。波が高く、大揺れに揺れて、気分がすぐれない。船では食堂とキャビンを往復するぐらいで、26日になってやっと落ち着くことができた。

26日午後4時にインド洋に浮かぶ島、セーシェル島に到着した。

セーシェルは当時、まだイギリスの領土だった。1700年代にはフランスに、1800年代にイギリスの領土になったため、歴史的に欧米諸国との関係が強い。その後、1976年に独立を果たし、今では大小115の島で構成されるセーシェル共和国となっている。わたしは今でもつり銭でもらった英国領時代の当時のエリザベス女王の肖像の入ったコインを持っている。

船が港に着くと、すぐにイミグレーション（出入国管理）だ。ここの入国管理官は皆、金髪でスラリとしたとてもきれいなお姉さんばかり！　船内はインド人とアフリカ人の男性客がほとんどだったから、思わず頬が緩んでしまった。

7月26日・セーシェルで海水浴

セーシェルでは2日ほど船が停泊するという。船を降りてブラブラしていると、歩いて1時間弱のところに、何ともきれいなビーチが広がっている。絵に描いたようにきれいで素晴らしいビーチだ。天国の砂浜だ。わたしは夢中になって泳いだり、日焼けをして過ごした。

あたりまえだが、夜はホテルではなく、船に泊まる。船は実にバラエティに富んだ人たちが乗っていた。

たとえば、ドイツ人とオーストラリア人のカップルで東ドイツから逃げてきた2人組がいたり、わたしと同じ一級船室に泊まっていたインド人夫妻は物凄いお金持ちだった。

このインド人はいろいろとわたしに〝忠告〟をしてくれた。

「お前はそんなボロボロのジーンズしか持っていないのか？　とにかくそんな汚い恰好してないで、きれいな上着でも着てきたらどうだ？」

わたしは「上着とネクタイぐらい持っているよ」と返答。

「きちんとした身なりでないと、白人にバカにされるからお前もアジア人の一人としてきちんとした格好をした方がいい」

なるほど。彼の言うのももっともだ。

ただ、彼は何かというと占星術を持ち出してくる。わたしには彼が迷信のようなことにこだわるのが不思議だった。インテリで金持ちらしいのに、星占術や手相にこだわるのはどう評価すべきなのか。

それはともかく、日本で切符を購入し、一級船室に泊まっているから、食事の際はそれなりにお金を持っている人や船長クラスの人たちと一緒にテーブルを囲むことになる。いわば、ディナーは紳士、淑女の社交場。わたしは当時23歳。世間の常識や礼儀を知らないヒッピーのような感じだったため、彼らの中には快く思わない人もいたに違いない。

それまで、わたしは食事など、ジーンズでいいと思っていた。しかし、夕食の際には皆ドレスアップして、ネクタイを着用し、スーツ姿である。そのインド人はサリーを巻いた奥さんと共にやってきて、インド流の正装をしていた。だからこそ、彼は

「着物を着るとか、日本流の正装ならいいけれど、ジーンズでは馬鹿にされるぞ」と忠告してくれたのである。

わたしは部屋に戻って、まさか和服は持っていないから、一張羅のジーンズをズボンに履きかえた。Yシャツに着替えてネクタイをし、ジャケットを着ることにした。すると、食堂でインド人夫妻が「おお、格好いいじゃないか」と言ってくれた。こうやってまた一つ、人としてのマナーを勉強することができた。

船は階級社会そのもので、船が沈没した時も上級クラスの乗客から救命ボートに乗せてもらえると教わった。地獄の沙汰も金次第とはこういうことなのだと悟った。

7月28日・セーシェル出発

船はセーシェルを出発し、次の目的地であるパキスタン・カラチに向かう。1週間どこにも寄らない。ずっと船に乗ったままだ。クルーズといえば聞こえはよいが、ほとんど軟禁状態である。

暇だから、わたしはよく周りの人たちと話をした。ドイツ人カップルやインド人夫婦から、各国の現状やセーシェル島の歴史などについて教えてもらった。また、彼らとは別に当時首都だったラーワルピンディーの大使館に赴任するというドイツ人もいた（1969年からはイスラマバードが首都機能を発揮した）。このドイツ人はかつて日本の長野・松本で高校教師をした経験があり、他のドイツ人との会話を日本語に通訳してもらったりして、会話も弾んだ。

わたしも日本の話や、アフリカに行った理由などを語った。わたしがアフリカで感じた疑問を彼らに直接ぶつけてみたこともある。

ただ、会話の相手は一級船室に泊まっている人たちだから、アフリカ人はいない。お金持ちのインド人やヨーロッパ人ばかりだから、あくまで彼らから見たアフリカ観になる。

「ポルトガルとＦＲＥＬＩＭＯの戦いはどうなるかな？」

するとＦ人女性は、

「ポルトガルは相手にしてないよ。あなたが応援しても独立なんて無理よ」と断言する。

わたしが会ったホンワナ氏はまさに命を懸けて戦っていたのに、彼女の反応は実に素っ気ない。要するにこの女性は、街にゲリラが入ってきたら簡単に射殺すれば良い程度の感じでしか捉えていないようだ。

わたしは悔しかったが、軍事的に勝てるという証明は不可能だ。ＦＲＥＬＩＭＯの人たちは真剣だ。この時から半年後にモンドラーネ博士が暗殺されるなど、いろいろな困難を乗り越えて、結局、モザンビークは８年後の１９７５年に独立を果たすことになる。

結局、これが彼女個人の意見だったのか、それがヨーロッパ人の総意なのかは分からないが、わたしは「ヨーロッパの人たちはアフリカに独立してほしくないのだ。そういう風になってほしくないから、ポルトガルを贔屓目に考えているのかな」と思った。

おそらく彼女もわたしも両方間違いで独立戦争は政治戦争であり、民族自決の世界の潮流に抗するゲリラ戦の軍事費用を含む植民地経営のハイコストに旧宗主国は耐えきれなかったのだ。

それでも、彼らの言う歴史認識と地理認識は面白かった。

アフリカは複数のヨーロッパ諸国の植民地にされたけれど、大きく区分けができる。

まず地理的には見れば、大陸の北西部の大部分、チュニジアやモロッコ、セネガル、アルジェリアなどを植民地にしたのがフランス。縦に見て中央部分を支配しているのがイタリアやドイツ、ベルギー。縦のラインで大陸の東側、スーダン、ケニアやウガンダ、南北ローデシアなどを配下に収めたのがイギリス。そして、大陸中南部の両端モザンビークとアンゴラを抑え込んでいるのがポルトガルであると分析できる。

ポルトガルはモザンビークとアンゴラに囲まれた中央部、いわゆるジンバブエやザンビアに割って入って横のラインをつなげようとしている。いわゆる「バラ色地図構想」と呼ばれたアフリカ横断国家の建設計画だ。しかし、縦のラインは強力なイギリスがいて、とてもじゃないけどイギリスにはかなわないから、この構想は実現できない。そうこうしている間に、ポルトガルは一時期リスボンまでイギリスに制圧されて、やっとの思いでリスボンを奪回した。ところが、その間に最大の植民地であったブラジルが独立してしまい、ポルトガルの植民地支配力は今や風前の灯だという人もいた。

いろいろな意見を聞くのは勉強になった。ヨーロッパ人なればこその歴史感覚、地理感覚だ。日本人が10人集まってもアフリカはおろか、アジアの分析もできないだろうと、日本人の島国根性に気が付いた。

その後、ポルトガルから1973年以降、ギニアビサウ、カーボヴェルデ、アンゴラ、モザンビークなどが独立し、ポルトガルは世界に広がる海外領土を失い、イベリア半島の西端にしがみつく狭隘な小国となった。

今になれば、いろいろな政治情勢や歴史背景が分かってくる。しかし、当時のわたしはただブラックアフリカ応援団として、何が何だか分からないまま、混沌としているアフリカの田舎町を歩いていたのだから、いろいろな人たちの意見を聞き、これは本当なのか、どうなのか、非常に考えさせられた。

さすがに世界中の国境線を人為的に引いては直し、直しては引くという人間を人間とも思わない権力作業を何百年とやってきたヨーロッパ人の視点を学ばなければ、世界は理解できない、と目からウロコのおちる思いだった。

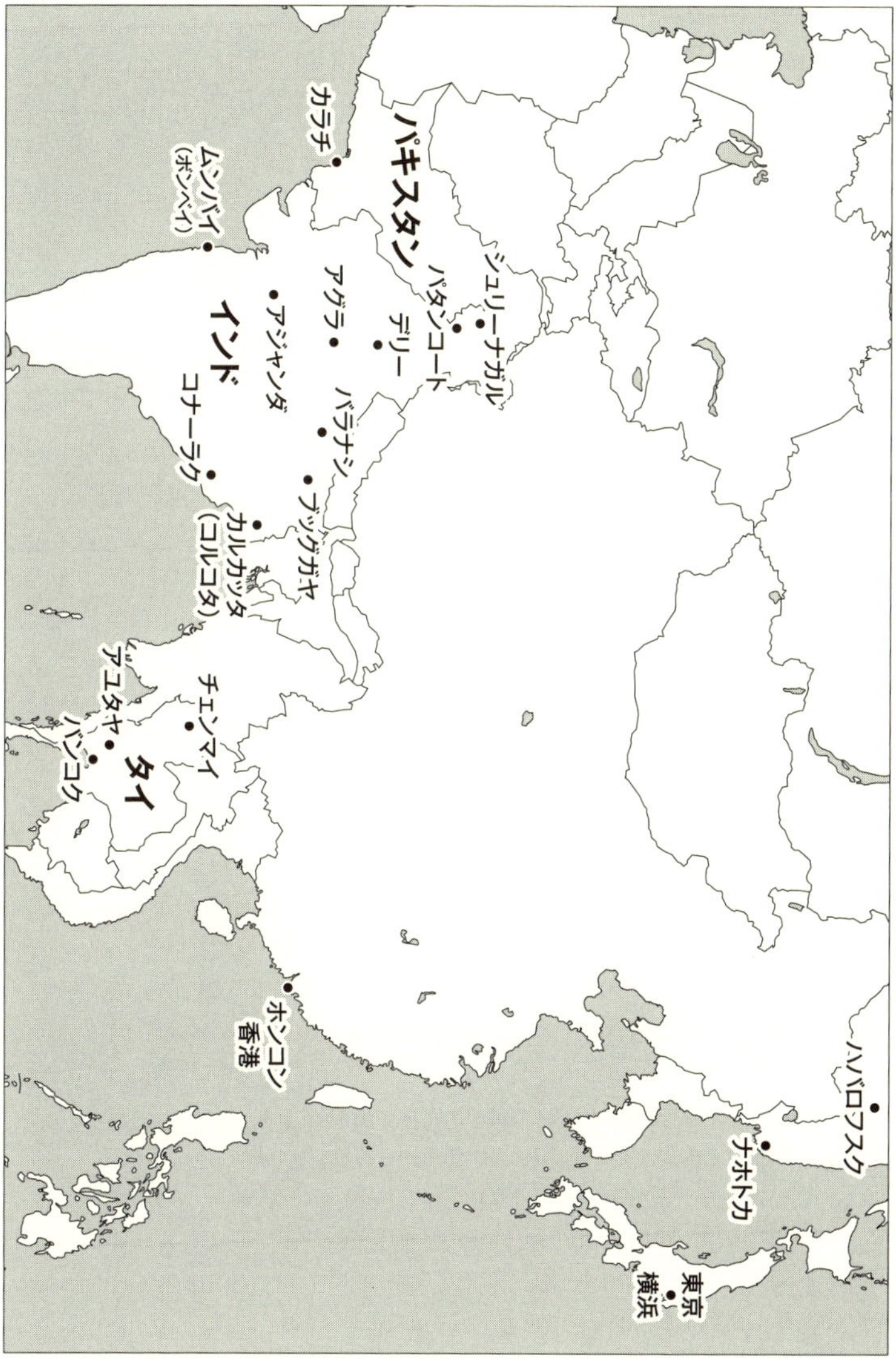
カラチ
ムンバイ
（ボンベイ）
パキスタン
シュリーナガル
パタンコート
デリー
アグラ
アジャンタ
インド
コナーラク
バラナシ
ブッダガヤ
カルカッタ
（コルカタ）
チェンマイ
アユタヤ
バンコク
タイ
ホンコン
香港
ハバロフスク
ナホトカ
東京
横浜

8月2日・カラチ到着

パキスタン南部にあるカラチはインダス川河口の西に位置する、アラビア海沿岸で当時インドのボンベイと並ぶ最大の都市であった。二つ目の経由地・カラチには一日遅れて到着したので、出発するのは翌3日。この日はカラチ市内を観光することにした。

まず思ったのは、ものすごい数の日本車が走っていて、日本車の数はアフリカの比ではない。やはり、アジアに来たことを実感すると共にちょっと日本を誇りに思った。

街はとにかくゴミゴミしている。東京をもっと湿っぽく汚くしたといえばよいか。歩いている人たちがあか抜けないし、マーケットを歩いていて驚いたのが、牛の頭を斧で割っていたこと。牛の頭を置いてあるマーケットを見たことはあったものの、牛の頭をかち割る現場に遭遇したのは初めてだったから、「これは凄いわ」と思ったものだ。

3日の夕方にカラチを出発したら、一等船客はほとんどいなくなった。一般乗客もめっきり減っている。かなりの人がパキスタンで降りたらしい。後は2日かけて最終地のボンベイに入るのみ。なんだかアフリカの疲れがどっと出て、その間は船室でずっと寝ていた。

8月5日・ボンベイへ

話は現在に飛ぶが、インドは近年、急速な経済発展を遂げている。自動車を中心とする製造業やIT産業など、グローバル化する世界経済の中でどんどん存在感を増している国の一つだ。

かつてのインドはイギリスの植民地支配を受けていたこともあり、英語が現地語と並ぶ公用語として普及している。逆に紙幣の裏に英語とヒンディー語以外に13の公用語で券面額を表記しているように、現地語が役に立たないせいもあるのだろう。言葉の壁が無いことは、世界に進出していく上で非常に大きいのだと思う。もっともあの早口でダダダダっとくる言葉が最初は英語だとは思えなかったが。

わたしが初めてインドを訪れた約50年前は、公園や寺院はあるけれど、モノはないし、食べ物もない。とにかく文字通り、何も無い国だった。一番元気なのはリキシャを引いて走り回る車夫と、「バクシーシ」と言ってお金をせびって動き回る乞食だった記憶がある。その乞食も事故か故意か分からなかったが皆、身障者であった。

五体満足では人の同情は得られないのである。

ボンベイの8月は雨期で非常に暑かった。日本の梅雨以上に蒸し暑くて大変な気候だ。アフリカも暑かったけれど、暑さの質が全然違った。

アフリカとアジアでは、いろいろ勝手が違う。

インドではロクなものを食べた記憶が無い。いわゆるカレーしかなくて、カレーといっても肉が入っているわけではない。カレーとは食事という意味でしかない。宗教上の観点で牛を食べないのは分かるけれど、羊の肉が入っているわけでもないし、ほとんどがダールと呼ぶ豆だけのカレーである。米もパサパサだし、ナンだって日本だとバターなどで味付けしてあるけれど、インドのナンは非常にカサカサした粉のうす焼きだった。こんな食事、いくら食べても栄養があるようには見えないから、また痩せそうだなと思った。もちろん、3千円も払えば立派なレストランで食事をすることはできたと思うが、１００円クラスのまあまあの料理がないのだ。

インドのカレーは香辛料がたくさん入っていて辛いイメージがあるが、それは地域によるのかもしれない。大都会で普通に売っているカレーは辛いといっても常識的な辛さ。エチオピアのあまりにも辛くて火を噴いたような辛さと全く違う。

アフリカでも大した料理を食べたわけではないのだが、タンザニアやケニアの町では1シリング＝40〜50円くらいで食事ができる。チャパティと呼ぶインド料理のナンのような形をしたものに、ゴンベ（スワヒリ語で「牛」）というビーフシチューがセットになって40〜50円だ。シチューといっても、ブイヨンやソースが入っているわけではなく、牛肉の塩煮にすぎないが、けっこう上品な味だ。パイナップルなどは一つ10円くらいで買ってきて、一気に齧り付いた。アフリカの水道水もパッと見で濁ってなければ大丈夫だと思い、普通に飲んでいたが、お腹を壊すことも無かった。その頃、ペットボトル入りの水など、そもそもあったのだろうか。

その意味では、食事に関してはインドに比べて、アフリカはかなり満足できた。インドの50円程度の食事はお粗末としか言いようがない。わたしも体重減と共に、気力までなえてきたような気がする。

次にわたしが気付いたのが、インドの人たちはあまりにも笑わないということだ。アフリカの人たちのようにこぼれるような笑顔で話しかけてくれる人など誰もいない。いつも笑顔で歌や踊りを自ら楽しみ、全身で歓迎してくれるアフリカ人に対し、踊りも無ければにこやかさも無いインド人。眉間にしわを寄せ、いつも怒っているような表情のイメージが印象深い。

また、原因が何だったのか、今となってはよく覚えていないが、ホテルで嫌なことがあって、2日分の宿泊料金を払わずに飛び出したこともあった。向こうが向こうなら、こっちもやってやるぜという気分だ。

そんな感じだったから、「不愉快なことが多いな、ひどい国だな」と何度も思った。それでも、インド人は強い心を持ったタフネスのかたまりだ。世界各国に根付いて、ビジネスを展開していく。インド人が立派な商人であることは、アフリカ滞在時に何度も思った。

中国商人、すなわち華僑といえばやり手の商売人のイメージがある。でも、世界的に見ると一番すごいのは〝レバシリ（レバノン人とシリア人）〟で、彼らは若いころからビジネスの教育を受けているという。わたしたちがイメージしやすいのは、日産自動車のカルロス・ゴーン社長のような人たちだ。その次がインド人で、華僑の人はその次くらい。日本人なんてそもそもその土俵にも乗れない。大阪商人だってまだまだだ。

レバシリの先祖は古代フェニキア人のことであり、3千年以上前から交易で富を稼いできたというDNAが今も脈々と根付いている。そこに割り込めるのがインド人で、アフリカにおいても商人はアラブ系かインド人だ。華僑系の人たちは中華料理屋かランドリー（洗濯屋）だ。そうした構造があって、その上前を国家権力と軍の暴力ではねていくのが植民地主義の欧米人。わたしはそういうイメージを持っている。

レバシリはしたたかで富をつくるのが上手いし、インド人はビジネスの要諦を心得ている。もちろん、華僑にも成功者はいるが、だいたい東南アジア止まりである。アフリカでも、インド人は中国人を寄せ付けない。

実際、世界中のグローバル企業でインド出身のトップが続々誕生している。米マイクロソフトのCEO（最高経営責任者）はサトヤ・ナデラ氏だし、米グーグルではスンダル・ピチャイ氏がCEOに就任した。孫正義社長の後継者含みで、年俸165億円でソフトバンクの副社長に就任したのもインド人のニケシュ・アローラ氏である。

世界を席巻する企業のトップがいずれもインド人というのは面白い。

それにしてもなぜ今、インド人なのか。笑わないからという理由とは思えない。イエスという時に首をかしげるからでもないだろう。「0（ゼロ）」を発見した数学的能力のせいという説もあるが、その真偽はわたしには分からない。

その意味では、商業においては日本人は相当な劣等生だ。たしかに高級モノ作りには職人芸を発揮する。しかし大量安価製造では韓国、台湾にひけを取る。金融と芸術となればユダヤ人がダントツだ。「世界に冠たる日本人だ」と世界を知らずに威張る「もの知らず」や、わたしが大使館で出会ったような傲慢な官僚には、そうした現実を知ってほしいと思う。だからといって、日本人がみんな卑屈になる必要はない。要は世界は広く、人類は多様だと謙虚に学ぶ姿勢が大事である。

何日か雨の降る蒸し暑いボンベイの街中を歩きながら、インドとは何だと考え続けた。一筋縄ではいかない何か不思議な魅力も感じ始めていた。8日にはアジャンタを経由して、北部のアグラを目指すこととした。

8月9日・アグラからニューデリーへ

インドにはヨーロッパ同様、一等車に乗り放題の「学割切符」があった。一等車でも学割が使えるので、非常に移動は快適。わたしはこの割引切符を使うために、東大を一旦卒業した上で年間1万2千円の授業料を払って学士入学をしたのである。留年すると「翌年の卒業見込み」でしかないし、学費よりインドの割引額の方が何倍も得するからである。そのありがたい一等列車で列車とバスを乗り継いでアジャンダの洞穴へ。

丸一日アジャンダの洞穴ですごし、その後一気にアグラへ移動した。アグラ城やタージ・マハル、レッド・フォートといった遺跡群を見学した。いずれも、その精緻なことは感激するが、一歩街に入れば、はなはだしい交通渋滞。その理由は、先頭に牛車。その後に輪タク。その後を黒い煙を吐くトラックが通り、そして前後にマークⅡというタタ自動車の新型車が走っているからだ。道が狭いから追い越しができない。不可思議な国だと思った。

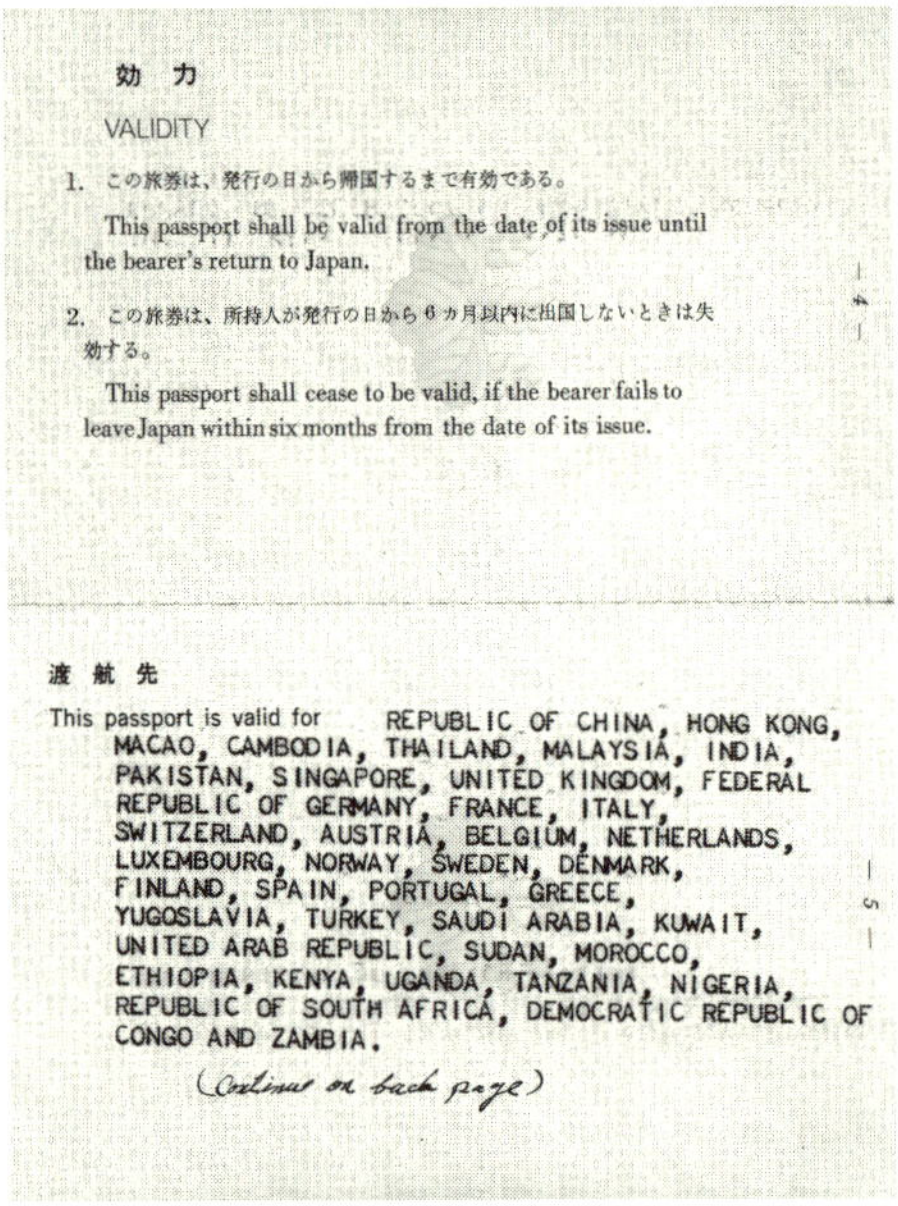

効力

VALIDITY

1. この旅券は、発行の日から帰国するまで有効である。

This passport shall be valid from the date of its issue until the bearer's return to Japan.

2. この旅券は、所持人が発行の日から6カ月以内に出国しないときは失効する。

This passport shall cease to be valid, if the bearer fails to leave Japan within six months from the date of its issue.

— 4 —

渡航先

This passport is valid for REPUBLIC OF CHINA, HONG KONG, MACAO, CAMBODIA, THAILAND, MALAYSIA, INDIA, PAKISTAN, SINGAPORE, UNITED KINGDOM, FEDERAL REPUBLIC OF GERMANY, FRANCE, ITALY, SWITZERLAND, AUSTRIA, BELGIUM, NETHERLANDS, LUXEMBOURG, NORWAY, SWEDEN, DENMARK, FINLAND, SPAIN, PORTUGAL, GREECE, YUGOSLAVIA, TURKEY, SAUDI ARABIA, KUWAIT, UNITED ARAB REPUBLIC, SUDAN, MOROCCO, ETHIOPIA, KENYA, UGANDA, TANZANIA, NIGERIA, REPUBLIC OF SOUTH AFRICA, DEMOCRATIC REPUBLIC OF CONGO AND ZAMBIA.

(Continue on back page)

— 5 —

1968年当時のパスポートには入国できる国が明記されていた

さすがに疲れたのでニューデリーでは車中泊を止めてYMCAに宿泊。ここも豪雨の降り方は半端ではない。

ニューデリー経由でネパールに行こうと考え、ネパールのビザを取得しに行ったが、交付してくれなかった。当時のわたしのパスポートには行っていい国が限定して列挙されており、「お前のパスポートはネパールに行っていいと書いていないから駄目だ」と言われて断られてしまった。

旧市街のオールドデリー地区は、地獄のような場所に感じた。乞食がいっぱいいるし、よく見ると、中には足の無い乞食がいたりする。膝から下が無くて、手で必死に拍子木をたたいて、注意をひきつけようとする。その拍子木はゲタ代わりで二本の手でつかんで敏捷に移動する。

アフリカは相当貧しい国ばかりだったけれど、貧しさの度合いというか、貧しさと取り組む精神がまるで違うように感じられた。バナナやキャッサバで生きられるアフリカと何もないインドの差だろう。

13日にニューデリーを出ると、夜からまた一等車で移動を開始。三等列車はものすごい混みようであるが、コンパートメントの一等車は悠々と眠ることができる。当時のインドは学生をすごく優遇していて、日本人であろうと、他の国民であろうと、大学生を大事に扱ってくれた。ユーレイルパスとは違って、インドで大学生しか使えない学割だ。逆に言えば、それくらいインドに大学生の数が少なかったのであろう。

翌14日、ニューデリーからさらに北へ、パキスタンとの国境に近いパタンコートへやってきた。凄い雨が降っていて、すぐに道が全面、川になってしまう。道が軍事用になっていて、走っているトラックも軍事用だ。バスもそれにならって水の中を突っ切っていく。全てが印パ（インド・パキスタン）戦争に備えてのものらしい。ここからパキスタン・イスラマバードの東側に位置する、カシミール地方のシュリーナガルへと北上していった。

インドにて

8月15日・シュリーナガル

ネパールに行けないので、しばらくカシミールの山間地を回ることにした。

シュリーナガルは古くから避暑地として栄えた街。ダル湖という湖があり、水面にいくつかボートが浮かんでいる。このボートがホテルになっていて、ボートの中にいくつもの客室があり、そこに泊まるのだ。

ムガール・ガーデンというムガール様式の庭を見たり、ダル湖で海パン一丁になって泳いだり、水上スキーを楽しんだりした。この辺はあまりインド人が観光に来ることも無く、いるのは外国人のツーリスト客ばかり。市内は街がすさんで汚い感じがしたけれど、ボートから見たポプラ並木や景観はスイスのようで、自然はとても綺麗だった。

同じボートに泊まったのが、モーリシャスから来たというインド系の観光客。夜になると、小さなボートでハウスボートを抜け出す。女を買いに行くらしく、わたしも誘われたが、こういうことは団体ですることではないと丁重にお断りした。

17日には、シュリーナガルからさらに高地に入った、ソナマーグにやってきた。信州の上高地のような場所で、足元に万年雪がある。熱波で死人が出るような高温地帯もあれば、万年雪のある場所もある。これが同じ国なのか？　本当にインド亜大陸と言われるだけのことはある。

19日、次にやってきたのが、シュリーナガルから少し西に入ったグルマルグ。1時間ほど、急峻な山に歩いて登っていくとゴルフ場があった。そこにマレーシアから来たネブラスカ大学の学生がいた。わたしたちはすぐに友達になって、2人で歩いたり、ショッピングをしたりして過ごした。まさにカシミアのスカーフや手頃なバッグなどよりどりみどりでかつ格安であった。

21日にはシュリーナガルを出発。パタンコートを経て、人ごみのデリーに戻った。デリーで体重を測ると、着衣のままで69キロ。インドに来てからロクなものを食べていないという自覚はあったものの、重い靴も履いているから、実態は67キロくらいだろう。信じられないほど痩せてしまった。

8月22日・デリー

パタンコートを21日の夜に出発し、デリーに着いたのは翌日の午前11時。女好きのモーリシャス人とはここで別れる。インドは映画大国なので、昼は映画を観て過ごした。

8時10分発の列車でデリーを出発。デリーからガンジス川をカルカッタ（コルカタ）に向けて、東に、東に進んでいく。

翌日の23日は午後1時にバラナシに到着し、ツーリスト・バンガローに宿をとる。とにかく全身がだるくて何もしたくない。24日は元気を振り絞ってバラナシ観光に出掛けた。

ガンジス川では死体が浮いていると聞いていたので、途中、川を見に行ったのだが、ついにそんな光景を見ることは無かった。ただ、沐浴している人がいる横を死体が流れてきても不思議はないように思う。日本では考えられないことだけれど、死体を焼かないで聖なる川に流すことが向こうの文化だと言われれば、「そうか」と納得するしかない。

そういう意味では、カルチャーショックもあるけれど、面白くもある。ただ、これまでの自分の判断基準が全て狂ってしまうような感覚を覚えた。

ブッダガヤへ移動したいのだが、数時間で着く距離なので夜行列車はない。明け方の列車に乗れば朝にはブッダガヤに着くだろうと、やむなく駅のベンチで寝ることにした。

ブッダガヤは仏教の聖地というが、あまり聖地くささが無い。巨大な菩提樹もお釈迦様の悟りを開いた木のさし木だそうだし、インドは今や仏教国でもないから何となくありがたみが少ない。この菩提樹の実なのかどうか分からないが、この旅を後押ししてくれた祖父母に、１０８の菩提樹の実が連なった長い数珠をお土産に購入した。

8月26日・カルカッタ

25日の夜、カルカッタ行きの列車にガヤ駅から乗り込む。立派な夜行列車だが、翌朝6時50分に到着の予定が結局2時間遅れた。旅程が遅れに遅れているので、飛行機でタイへ飛ぶしかない。一番早いのが、キャセイ航空の9月1日に出発する便なので、まずそれを抑えて、あと5日何をしようか考える。

ベンガル湾に面したカルカッタ周辺の海に行ったが、とても泳げるような海ではない。コナーラクの寺院や石窟を見て回ることにした。ここにスーリヤ寺院というのがあり、ヒンドゥー教の太陽神が祀られている。ここはセックスの神様ばかりで、古代インドに伝わる愛の教科書「カーマ・スートラ」の彫刻版なのだと納得した。ビーチがきれいというプリまでは35キロもあるのであきらめて、ここで1日写真をとりまくることにした。

翌8月29日は、わたしの24歳の誕生日。誕生日だから豪華に過ごそうと思っても、お酒も買えないし、ロクな飯もないし、そもそもわたしに付き合ってくれる人が誰もいない。ただ、夕方になるとあたり一面が蛍の明かりで埋め尽くされた。おそらく何千という蛍が飛び交い、わたしの誕生日を祝ってくれているようで、たった一人でこの光景を独り占めできた。この24歳の誕生日を、わたしは一生忘れることは無いだろう。

どなたに紹介されたのか、失礼ながら今となっては記憶にないが、カルカッタ領事館の山口さんという方が、8月30日にインターナショナル・ステューデントハウス（学生用の安宿）に滞在している日本人をご自宅に招待してくださることになった。カルカッタで偶然一緒になった佐藤君、中田君とわたしがお屋敷に招かれ飲んで食べての大宴会となった。外交官にもケニアの勘違い大使館員もいれば、日本の貧乏学生を支援してくれる方もおられる。役職だけで評価してはこちらも傲慢大使館員と同列になってしまうと、旅の終わりにまた一つ勉強した。

インドを列車で移動していると、バニヤンツリーというハワイなどの熱帯地方でもよく目にする、どれが根やら枝やら幹やら判別できない樹木が盛大に茂っている。車窓からこの街路樹を眺めながら思ったのは、インドはもうこの木と同じで、国中がグチャグチャでよく分からないということだ。

人間そのものが壊れているようで、寺院に行ったらセックスの神様ばかりいる。要するに、アメリカやヨーロッパで感じるような貧富の差というのは、人を虐げる収奪の世界だから、恐ろしいけど理解はできる。ところが、インドはイギリス人に壊されたというのでもなく、もともと壊れているのか、何だか人間ごと破壊されてしまったかのような印象を受ける。「人間とは何か」の枠組みがない国とも言える。

宿舎で寝ころびながら、堀田善衛の『インドで考えたこと』という1957年に発売された岩波新書を読み、「10年間インドは何も変わっていないなあ」との感想を抱いた。

ただ、最悪、最悪という割にはインドでは一カ月近く過ごした。一つの国としては一番長い月日になる。最悪と言いながらも、結構面白い国だった。

要するに、インドは「反世界」なのである。日本や欧米諸国を「正の世界」と仮定するならば、インドは逆に地球の裏側にある「負の世界」のような印象を受けた。裏側といっても、日本の裏がブラジルという意味ではない。地球の外表ではない内側に外表の世界と対峙する別世界があるという感じである。人々の考え方も違うし、人の頷き方だって、世界中たいてい縦に頷くけれど、インドでは「アチャ、アチャ（はい、はい)」といって横に首を振る。人って、こんなにも違うものなのか。それが分かっただけでも、結構インドを楽しむことができた。

そもそも一カ月もいると、こちらも「反世界」の一員みたいな考えになるところもあって、思考の幅が大きくなったことは確かである。

9月1日・バンコク

カルカッタから飛行機で発ち、その日のうちにタイ・バンコクに入った。

9月1日、海からひとっ飛びにバンコクまでやってくると、文字通り世界が違った。例によって、大使館に足を運び手紙をもらいに行くと、タイ人の下働きと思われる人たちが皆がインドと違ってもの凄い笑顔を見せてくれる。インド並に街に人はたくさんいるけれど、誰も道端で寝ている人はいないし、寝てるのか死んでいるのか分からないような人もいない。

時差はたった1時間半しかないのに、大違いだ。

3日の夜10時に今度は古都・チェンマイを目指すこととした。夜行バスで一晩かかってチェンマイへ。ここは日中暑いが、夜はかなり涼しくて気持ちがいい。さすがにタイの京都と言われるだけあって、落ち着いた街並みである。

手頃なホテルを見つけて食事をすると、食べ物は美味しいものばかり。レバニラ炒めもあるし、バニラアイスもある。クエティオという肉の入ったタイ風の塩味幅広タンメンのようなものを食べていると、みるみる全身に力がみなぎってくるのが分かった。

とにかく、食事についてはインドの印象はあまりにもひどかった。アフリカは50円でも結構満足するような食事が出てくるし、エチオピアの飛び上るカレーも今となってはもう一度チャレンジしたい。しかし、インドでは美味しいとか、まずいというレベルではなく、とにかくモノが無い、味がない。食事の選択肢が無いのだ。わたしは日本に帰ってからも豆のダールというカレーは絶対に食べない。重湯以下だと思うからだ。

言ってみれば、30円の食事か3千円の食事しかなくて、とてもじゃないけど自分の財布を見れば3千円の食事などできない。だから毎日30円の食事をとるのだが、パサパサの味のしない米に豆の汁をぶっかけたようなものばかり。それがタイに来てからは皆ニコニコしているし、食事は美味い。会話も怒鳴り合いのようなインド人に比べたら、タイは小鳥のさえずりだ。一気にタイという国を気に入ってしまった。

5日はチェンマイの市内観光をし、6日には地元の若者と仲良くなって一緒にバーへ行った。

この人がワットクータオという、地元ではかなり尊敬されているお寺のお坊さんだった。彼は僧侶は人々に寄生して生きている寄食者だと言って、実に質素な生活をしている。それでも、ちょっとした果物やお菓子はおごってくれた。

7日にはいっしょにチェンマイ放送という放送局へ行き、でたらめな日本音楽の放送番組を見学した。その帰り道、やたら真剣な表情をしているタイ人が大勢集っている。こんなに必死な顔をしたタイ人を初めて見た！　何が起きたのかと思って人山をかき分けて覗いてみると、みんなムエタイ（タイ式ボクシング）というキックボクシングのようなものを必死に応援している。なるほど、どちらの選手が勝つかに賭けた賭博だったのだ。

タイ人も金がかかると真面目になるのだと分かった。

9月8日・チェンマイ

チェンマイを出て、バンコクに近い世界遺産のアユタヤへ。日本人街の跡もある。山田長政をはじめとして日本人が海外に雄飛した最後の名残である。

アンコールワットを小さくしたような遺跡を見たり、料理屋の子供の中国人に食事をご馳走してもらったりした。本当にタイの人たちはいい人ばかり。結構、食事をおごってくれたりするし、とにかくわたしのメモにはただで食べた話ばかりが書いてある。

皆、歓迎してくれるから有難いのだが、さすがに少々疲れがたまってきた。夜9時過ぎにバンコクのYMCAに帰る。

明日の9日にはバンコクから船が出るはずである。明日は香港経由で横浜へ帰るのだ。もうおしまいか残念！　という気持ちと、命を落とさず、大病も大けがもせず無事だったことへの安堵が入りまじった複雑な気持ちである。

9月9日・バンコク

ポーリッシュ・オーシャンというポーランド船籍の貨物船で日本へ帰国するのだ。貨物船なので基本的に乗船客はいない。荷物を運ぶためだけの船だが、一室だけ客室があるようで旅行開始前に日本で帰途の確保のため必死で頼み込んだら、「お前一人くらい乗せてやる」とOKが出ていた。このあたり、外国人の方が無鉄砲な若者に共感してくれるのかもしれない。逆に冷たいのは日本人だ。日本の船会社にもずいぶん交渉したけど、マニュアル通りの対応しかできない日本企業には全部断わられた。

今日が船の入港予定だというので、波止場に来たが船は来ない。翌10日も、翌々日の11日も船は来なかった。

とにかく毎日、船会社からは「今日は来るだろう」と言われて港に行くのだが、待てども、待てども船はやって来ない。あまりにも暇なため、バンコクの日本人会という集会所のような場所で、日本の雑誌を読んだりして時間つぶしをしていた。

12日になって、ようやく夜に船が入ってくるというので、期待して港へ行った。ところが、乗り込みは13日になるという。翌日は一日ずっと積み荷の上げ下ろしをするらしい。

乗るのは客船ではなく、あくまでも貨物船だ。いろいろな荷物の他、約80頭の水牛も積み込んでいく。水牛をバンコクで積み、香港で降ろすというのだが、これがかなり難渋している。それだけの水牛を運び入れるのは見ているだけでも大変そうだ。

暇だから荷物の搬入作業を眺めていたら、船員から「一緒に食事しないか」という有難い誘いがあった。乗船前にポーランド人の船員とは仲良くなった。

しかし、船は13日になっても14日になっても出発しない。せっかくだからと、最後にまた、タイボクシングを観戦した。そろそろ出発するというので船に乗り込むも、船は出ない。船員クラブで映画も観させてもらった。翌15日も外が暑くてたまらないから、一日中クーラーの効いた船室に入り込んで待機していた。

結局、船が出発したのは——、当初予定から1週間遅れの9月17日であった。

貨物船なのだから文句も言えない。あとは無事に船が横浜に着くことを祈るだけだ。

9月17日・バンコク出航

一旦、船が出てしまうとわたしは何もすることが無い。

船は緩やかに海上を進んでいく。ポーランド人の船員ばかりだから毎晩ウォッカで酒盛りするのが楽しかった。特にバイソングラスが一本入った「ズブロッカ」はまろやかな味と香りがやせ劣えたわたしに元気を与えてくれるように思われた。

寝て起きて酒盛りするだけの生活だから、「運動した方がいい」と言われて縄跳びをしたりした。あとは一日中、日光浴をしたり、船員とチェスをしたり、避難訓練に参加させてもらったり。もっとも避難訓練のつもりが、ボートがなかなか下りてこず訓練にならなかったのだが……。万が一の場合はどうなるのかなんて、心配する日本人的心性はすでにインドですり切れていた。

そうしたバカバカしいことをする一方、ポーランド人の船医と話をした時にはいろいろ考えさせられた。

「今のポーランドは共産主義だけど、これでは全ての人が幸せを感じることができない。ポーランドにもいずれ自由化の波が来る」

彼は共産主義者ではなかった。当時のポーランド経済は慢性的に悪化しており、遅かれ早かれ自由化の波が来るという。結果的にポーランドはそれから20年かかって1989年ワレサ（ヴァウェンサ）の「連帯」による民主化運動で自由化を果たすのだが、その20年も前から彼はそんなことを考えて、20年後の世界をわたしに教えてくれたのだ。1989年、ベルリンの壁の崩壊をわたしは1968年から知っていたかのように既視感（デジャヴ）をもって眺めていた。

9月21日・香港

船は昼ごろに香港に到着した。

中国との国境に行きたいと考え、自転車を借りて国境を目指した。途中、屋台に毛の生えたような店で雲呑を食べた。さすが香港とうなる美味さだった。しかし、今と違い当時の中国には何もない。建物もないし、人もいない。平和そうな田園が広がる。香港の夜景はきれいだったけれど、夜景なんてどこの国でもこんなものだろう。

ただし、香港にも明かりの灯っていないエリアがある。これは何なのか不思議に思っていると、そこは難民の部落で、中国から逃げてきた人たちが集まっているスラム地区らしい。だから電気が無く、明かりが一切灯っていないし、彼らは油を買うお金もないという。そういう説明を聞くにつれ、どこの国にも、こういう地区があるが、日本にはめったにないことに気付いた。日本の均質性を示すと共に、国外からの難民や移民が入国できない強力なバリアーを感じた。このことは逆に日本から密出国することもすこぶる困難なことも示している。そんな国にまた舞い戻ったら次はいつ世界に飛び出せるのか。絶対にまた、飛び出してやると密かに胸にきざんだ。

次の日はビクトリアパークという小高い山の上から香港の街並みを見下ろしたり、お土産を買いにショッピングをしたりして楽しんだ。

23日にはいよいよ香港を出発。横浜まではあと少しだ。

9月27日・横浜到着

ついに日本に帰国。10月の司法研修所の身体検査日を前に何とか帰国することができた。

「無事に帰ってくることができて良かったね」

「ご苦労さんでした」

横浜では家族がわたしを出迎えてくれた。これまで家族には途中報告の手紙を出していた。ケニアに着いたとか、バンコクに着いたとか、度々手紙を出していたから、両親は何度かポーリッシュ・オーシャンに電話して船が横浜に到着する日を確認していたのだろう。

不思議と「ああ疲れた」とか「ああ長かった」という感動めいた感情は湧いてこない。「もうお終いか」と思って、「日本に着いてしまったか、もうちょっと長く行っておきたかったな」というのが本音だった。

横浜に帰ってきた時の体重は着衣で62キロしかなかった。半年の間に22キロも痩せた計算になる。体重はアフリカを出るまでに10キロ、何も食べ物の無かったインドで10キロ近く減り、タイでいくら食べても戻ることは無かった。家族の皆が心配してくれて、「めでたいということもあるけど、まずは栄養をつけなさい」とお寿司屋さんに連れて行ってもらい、思い切り食べた。翌日はとりあえず病院へ行って健康状態をチェックしてもらった。

血液検査など、いろいろ身体中を診てもらった。医師は特別な問題はなかったものの、とにかく栄養失調であると診断した。だから安静にして、どんどん食べろという。家にある自分のズボンはすでにはけなくなっているから、しばらくやせ形の弟のズボンとジャンパーを借りていた。

その後、普通以上に食事をしていても全然体重が戻らない。おそらく人間を構成する基本要素の何かが衰えてしまったのだろう。半年の間に骨の髄までエネルギーを出し切ってしまったようだ。

日本に帰ってきてから食べたお寿司やすき焼きは海外に無いし、もともと好きだから美味しいと思った。しかし特別、日本の食事が美味しいとは思わなかった。どん底を味わったインドから直接帰ってきていたらさぞ感動しただろうけど、タイや香港の食事だって十分美味しかったから特段の感動は無かった。

結局、体重が増え始めたのは2カ月近く後になってから。それまでは食べても、食べても太らなかったが、ようやく元に戻り始めた。70キロ前後が一番体調も良かったような気がするが、「70キロがちょうどいいかも」なんて呑気なことを考えていたら、あっという間に75キロくらいまで戻ってしまった（笑）。

人間の身体というのは、そういうものなのかもしれない。

その後、日本では学生が東大解体を叫び、安田講堂炎上事件が起こったりしたけれど、わたしにはずいぶん小さい争いに見えた。東大を解体して何が変わるのか。彼らには世界の中の日本、日本から世界を変えるという視野が全く欠けているように見えたのだ。

海外に目を向ければ、白人支配からの解放を求めて闘争に明け暮れるアフリカ人がいるし、反世界のようなインドではそこら辺で飢え死にしたり、道端で倒れている人たちがいたりした。彼らはそういう中でも生きたり、死んだりしている。

世界中の人たちが苦しんだり、楽しんだりしているレベル感というか、本気度が日本と海外では違うように感じる。なんだか日本は視野も狭いし、どっちに転んでも命に別状のない、ちっぽけな争いに終始する小者に思えた。確かにわたしたちは国土の狭い島国に住んでいる。それなりの人口もいて密度も高い。だけれども、世界観やモノを見る視座までをも小さくする必要はないのではないか。日本人は日本単位でしか物事を考えていなくて、世界の中の日本という視点も、日本がなくても世界は存在するという視点も欠落しているのではないか。大事件が起きると日本人が巻き込まれたかどうかばかり報道され、日本人がいないと重大事件でないように扱われるのは本当に変だ。

世界はどこも競争にさらされていて、アフリカが将来主役になる時代もやってくるだろう。あんなに滅茶苦茶だったインドだって、わたしが訪れてから50年経って主役になる時代が来ているのかもしれない。２０１５年の今、その兆しも見える。日本も今は戦後からの復興を果たしたなんて言っているけれど、もう70年が経った。ウカウカしていると他の国々に置いてきぼりをくらうかもしれない。

イギリスとのアヘン戦争で香港を奪われた中国が、イギリスと経済で蜜月関係を結ぶなど、世界は大きな変革が始まっている。努力をやめた途端に日本は世界からあっという間に見放されて、世界から相手にされなくなってしまうだろう。そんな気がした。

この旅は今から48年近くも昔の話だ。それからヨーロッパや東南アジア、インド、アフリカなど、いろいろな国に何遍も出掛けたけれど、どこも必死に変化しようとしている。うまくいっている国もそうでもない国もあるが、人々は変化を恐れていない。

良くも悪くも中国は見違がえるほどの存在感を得たが、日本の存在感は目に見えて小さくなってきている。このままでは日本が世界から見放されてしまうのではないか、という懸念がいよいよ現実化しつつある。日本も日本人も早く変わらねばならない。そのためには世界に出て行き、世界を日本に引き込まなければならない。命題は日本の「世界化」だ。

第六章　世界は広い

中国のしたたかさを目の当たりに

２０１５年夏、わたしは通算１６５カ国（「国」とは国連加盟国１９３カ国＋日本が独自に承認した国家４カ国の計１９７カ国）目となる、アフリカのカーボヴェルデ共和国にいた。

わたしももう71歳になった。いつか死ぬ前に、まだ行ったことがない国があるのなら行ってみたい。そう考えて地図を必死に探していると、外務省が危険エリアに指定していないアフリカの未踏国はここぐらいだった。

カーボヴェルデはアフリカの西端、セネガルから更に西５００キロの沖合に浮かぶ島国。わたしが１６５番目に訪れた国で、ＧＤＰも世界１６５位だという。農業（バナナ、サトウキビ）と漁業（マグロ、ロブスター）くらいしか産業は無く、バナナを食べて生活しているような人たちがいる国で、昔ながらに日本人がイメージするような、かなり貧しい〝アフリカらしい〟生活をしている。

ただ、所得や賃金は低いかもしれないけど、安定した政治と自由経済とが相まって、順調な経済成長を達成。ある報道機関の調査によると、民主主義の度合いは日本と同じくらいのレベルにあって、報道の自由度は世界30位と日本より上位だ。1位がフィンランドで、2位がノルウェーと、北欧地域が高い中でアフリカとしては立派な順位である。

カーボヴェルデは15世紀ごろから、ポルトガル船が来航。当時は無人の群島だったのが、ポルトガル領の奴隷貿易の基地として重要性を増した。世界文化遺産となったシダーデ・ヴェーリャの建造物群は、キャプテン・ドレークやフランスの海賊により破壊された城跡のリノベーションされたもの。井戸から兵舎や大砲を備えた立派な城塞だった。正式には1963年にポルトガルの海外州となり、75年に独立を果たした国である。

カーボヴェルデの歴史を語る上で欠かせないのが、革命の主導者アミルカル・カブラル氏である。1960年代から70年代、80年代にかけてアフリカの各地で植民地からの脱出を目指す革命運動が起こっていた。その代表者が南アフリカ共和国のネルソン・マンデラ元大統領であり、モザンビークの独立指導者・モンドラーネ氏である。カブラル氏もそうした英雄の一人。ポルトガル支配からの解放を求め、同じくポルトガルから支配されていた現・ギニアビサウと一緒になって、ギニア・カーボヴェルデ独立アフリカ党（ＰＡＩＧＣ）を設立。解放闘争を主導していく。

わたしが最初にアフリカを訪れたのは１９６８年だったが、その前からアフリカ解放闘争の勉強をしていたので彼の名前は知っていた。この時はカーボヴェルデまで来ることは無かったのだが、その数年後にカブラル氏は暗殺された。モンドラーネ氏も爆薬で暗殺されているし、当時の革命の主導者たちは誰もが殺されていく運命にあった。ネルソン・マンデラ氏が殺されなかったのは、終身刑で27年間刑務所に収監されていたからとも言える。

日本でも明治維新の志士たちの多くは、革命の実現前に命を失った。ところが、せっかく勝ち取った近代国家・日本は朝鮮半島、中国大陸を侵略し、明治憲法制定後たった56年で無条件降伏の憂き目にあった。

もっともカブラル氏らの遺志を受け継いだ人たちの努力の甲斐あって、アフリカでは60~70年代にかけて次々に植民地支配からの独立を果たしていく。その意味では、わたしはもっと早くカーボヴェルデに足を運ぶべきだった、と今更ながらに思う。

ここは自然が豊かで、特徴のある島々があるのでリゾート地として人気で、北欧やヨーロッパの人たちも多い。アメリカ人はほとんど見なかったけれど、中には何人もの中国人を見かけた。雇ったガイドが言うには、日本からのツーリストに会ったのはわたしが初めてだという。たしかに日本の大使館もないし、日本企業の看板もない。

今回の旅でひしひしと感じたのは、中国の存在感である。カーボヴェルデの大統領官邸や政府は「中国のプレゼントだ」とガイドは言う。カーボヴェルデの後に、同じくモロッコの西側に位置する大西洋上のカナリア諸島やマデイラ諸島を回ってきたけれど、どこの国にも中国人がいた。観光客だけではなく、そこに根を生やしている人たちもいる。最後にスコッチを味わいに立ち寄ったスコットランドは、中国人の団体客で大賑わいだった。

マデイラにもチャイナタウンは存在している。ホテルで一番美味しいお店はどこか尋ねるとチャイナタウンだという。チャイナタウンは街全体のことなのではないかと思って聞き返すと『チャイナタウン』という店があるとのこと。確かに多くの白人観光客でにぎわっていて、ちゃんとした水餃子が出てきた。焼きそばもシンガポールスタイルのものまであって、美味しかった。他にもその付近に中華レストランは何軒もあった。

彼らは現地の人と混血はしないけれど、きちんと現地に根付いている。中国語だけでなく、ポルトガル語を話すし、全員が中華料理屋をやっているわけでもなかろう。

先日も中国の船がカーボヴェルデで抑留されたというニュースを見た。シエラレオネに寄った中国船がこちらに入国したためエボラ熱の検査をするため、船員が上陸にストップをかけられたという。漁船だったのか、貨物船かは分からないが、それくらい頻繁に中国人が西アフリカを訪れているということだ。日本人などほとんどいないだろう。

ここには中国大使館もある。中国はアフリカ沖の人口わずか50万人の島にまで外交攻勢をかけているのだ。すごいなと思う反面、日本の立ち遅れは決定的だ。日本は海の向こう5００キロに位置するセネガル大使館がギニアビサウとガボンとあわせて兼轄している。日本と中国の〝戦略的発想の差は絶望的ですらある。

宿泊したホテルの前でカジノ建設が進んでいた。壮大なカジノをつくって、年間1００万人の観光客を呼んでくるという計画だ。カーボヴェルデの人口はわずか52万人にすぎない。その倍もの観光客を呼び込むなんて中国は本気だろうか。

そう考えて、帰国後調べてみたら、マカオがアフリカの旧ポルトガル領各国にカジノをつくる計画だという。マカオの企業が25年間の経営権を取得し、10年くらい前からいわゆる統合型リゾート（IR＝Integrated Resort）計画でカジノをつくろうとしている。夢でも幻でもなかった。そんな計画があることすら、わたしは知らなかった。日本の外務省だってどこまで把握しているのだろうか。

IRといっては騒ぎ、東京・お台場にカジノをつくるか否かというドメスティックな議論に終始しているだけの日本人は、こうした事実を知らないのではないだろうか。

モナコは人口4万人だが年間の客数は百万人なんて規模ではなかろう。中国人というか、大中華圏（中国、台湾、香港、マカオを含むグレーター・チャイナ）を形成する人々は、実に戦略的に手を打ってくる。今回のカジノ計画だって、前面に出ているのはマカオだ。

中国の特別行政区となる前のマカオはもともとポルトガル領だった。カーボヴェルデも旧ポルトガル領だったから関係性が近い。というのも、植民地支配された国にとって、植民地の色合いは独立を果たした今でも残っている。その一つが文化や言葉である。イギリスに支配された国では今も英語を話すし、ポルトガルに支配された国は今でもポルトガル語を話す。だから、マカオの人たちはポルトガル語をつかって旧ポルトガル領の国家に入り込み、カジノをつくろうとしているのだ。ポルトガルの影は今も決して色あせていない。

中国が今、アジアインフラ投資銀行（ＡＩＩＢ）の設立を急いでいることはご存じだろう。彼らは「元」の国際通貨化を目指し、金融面でも世界的な戦略を打ち出しているし、ＩＲでは世界中にカジノを建設することで観光を含めた産業づくりに勤しんでいる。お台場レベルの小さな発想で議論に終始する日本人とは比較にならないスケールだ。

今の国際政治の波はカーボヴェルデという、こんな小さな島国にまで波及している。そんなことを思わずにはいられない旅であった。

現地へ飛び込み、同じ飯を食おう！

足かけ50年がかりで訪問国は１６５まで来た。おそらく日本の弁護士でこれだけの数の国を訪れた人はいないのではないか。

世界は実に広い。アジアも広いし、アフリカも広いし、カリブ海周辺も一つひとつの島それぞれが独立国だ。もっとも48年前にアフリカに出掛けた当時など、世界は植民地だらけだったし、ソ連だって一つだった。中南米にも旧オランダ領や旧フランス領の島国がたくさんあった。現在、国連（国際連合）の加盟国は193もあるけれど、当時は世界100カ国などと言っていたような気がする。

行った先では、現地のガイドさんやタクシー運転手などと連絡先を交換。文通やメールでその後も情報を交換できる友人になった。

昔から全世界を訪れてみたいと思っていたけれど、現実には紛争地帯もあるし、国交が断絶されている国もある。それでも可能な限りは足を運ぶようにしている。

何年か前、南アフリカの北にあるボツワナ共和国の格付けが日本を抜いた、というニュースが流れた。「なんでボツワナが?」と思わなくもなかったが、現地に行ってみて、良く分かった。ボツワナは国境紛争も内乱もなく、治安も安定している。主要産業は産出高世界第1位を誇るダイヤモンド産業で、同国のGDPの約2割、政府歳入の約3割を占める。また、野生動物が多くいるので、観光客が世界中からやってくる。わたしもその一人として3年前に訪れた。

わたしが行った同じホテルには、休暇中だった南アフリカの日本人駐在員が家族連れで来ていた。湿地帯があるのでそこに高床式のロッジを建て、ロッジは高さ3メートルの回廊でつながっている。夜になると全員ロッジ外への出入りが禁止される。すると夜中にゾウが近くまで水を飲みにやって来る。翌朝起きるとゾウの姿はないけれど、大きなフンが落ちているから、リアリティという面ではケニアの国立公園の比ではない。だからホテルも立派で一泊10万円以上する。しかも、全室満員だった。そういうことを確かめもせず、頭ごなしに「日本がボツワナに負けるはずなどない」と言っても、何の意味もないし、負け惜しみにすらならない。

アメリカ大陸の国々は全て踏破した。イスパニョール島を二分するドミニカ共和国のお隣、ハイチ共和国に行く時はアメリカ経由。マイアミの空港では白人の出国管理官のおばさんが話しかけてきて、「ハイチなんて何しに行くんだ?」というから「ホリデーでツーリストだ」と返すと、「よく行くねえ、そんな場所に行ってどうするんだ」とケラケラ笑っていた。

要するに、彼女から見るとハイチは治安も悪いし、行っても仕方がない。目をギラギラさせて麻薬を打っている人も多いし、危ないからそんな場所に観光など行かない方がいいというのだ。

　考えてみれば、日本にやってきた外国人が今から北朝鮮（朝鮮民主主義人民共和国）に観光に行こうとしていれば「あんな場所に行かない方がいいよ」という感覚だったのかもしれない。余談だが、日本が国家として承認していない北朝鮮ですら１９９１年に韓国と同時に国連に加盟しているのだから、時代は変わるものである。

　ハイチは１８０４年にフランスから独立した。ラテンアメリカで最初に独立した国なのである。しかし、長らく政情不安に加え、ブードゥーという特殊な民間信仰が力を持ち、軍事クーデターによる反政府武装勢力が主要都市を占拠するなど、治安情勢の悪化を繰り返している。

　実際、ハイチは危険そうで怖かった。

　わたしはハイチの一番いいホテルに宿泊した。といってもホリデーインである。日本でいう超一流ホテルや外資系ホテルは存在しない。宿泊者の多くは、ハイチ駐在の外交官とその家族。大使は公邸かもしれないが、外交官は皆、ホテルまで迎えの車に来てもらうし、子供達もスクールバスがホテルまでやってきて、ホテルから学校に通っていく。要するに、家族を守るためにはホテルで皆が固まっていた方がいいのだ。

ホテルのプールで泳いでいると、大統領官邸まで100メートルくらいの至近距離にあることが分かった。わたしは意を決して、カメラとビデオを持って官邸の写真を撮ろうと出掛けたのはいいが、身長2メートルくらいの大男たちが目をギラギラさせて道ばたに立っている。皆がわたしを襲いにくるのではないかという感じがした。

所在無げに立っている黒人の横をジョギングしているような振りをし、わたしはぱっと写真を撮ってホテルにUターンした。するとホテルの若いスタッフが「大丈夫だったか?」と心配してくれた。わたしは「大丈夫、大丈夫」と気丈に振舞ったのだが、車でないならあまり外に出ない方がいいと忠告された。

とはいえ、車といってもタクシーなど走っていない。仕方ないから、ホテルで3日間ほど泳いでいた。

南米のボリビアでは水道水を飲んで、猛烈に腹を下したこともあった。

ボリビアは銀や銅などの鉱山が多く、ここから引っ張ってくる水は見た目がきれいでも、ヒ素が含まれている。湯沸しをしてもヒ素は無くならないから、現地の人たちだって、水道水の水を飲むことは無い。飲料水は買ってくるし、普段はコーラやスプライトを飲んでいる。

水道水はあくまでも洗濯用でしかない。洗濯物にヒ素が入ってもいいのかと思ったが、口に入れなければ大丈夫らしい。

そんなこと知らないから、わたしはよその国でもやっていた通り、水道水を普通に飲んで腹を壊した。ホテルのフロントには「死にたいのか」とコテンパンに怒られた。しかし、エチオピアの時と違い、2～3度下痢をしたら、体内からヒ素が抜けてしまったらしく、すぐに腹痛も治った。いわゆるバイ菌と違い、毒物は一旦、身体から出ていけば大丈夫なのかもしれない。

第三章でも紹介したように、エチオピアの下痢はひどかった。エチオピア料理があまりにも辛いので、唐辛子を抜いたら尋常ではない下痢に襲われ、2日間トイレから離れられなかった。

165の国を回ったけど、わたしが水や食事であたったのはこの2回ぐらい。もちろん、生の川魚は食べない。基本的には熱を通しているものを食べる。焦げ焦げのフライであったり、カリンカリンに干からびた魚を焼いて食べていく。現地の人が食べているのと同じようにしていれば大抵は平気だ。わたしは超能力者ならぬ腸能力者かもしれない。

生水は飲んではいけないと思うが、現地の人が水道水を飲んでいるなら、わたしも水道水を飲む。今は水道水で歯を磨くのも駄目だという人もいるけど、現地の人が水道水で歯を磨いているのであれば、わたしも水道水で大丈夫である。

もっとも、味に関していえば、日本が一番。70年間食べ慣れているのだから当然だ。海外の食事で日本よりも美味しいものが出てくるとは端から思っていない。わたしは別に美味しいものに出会いたくて海外に出ているわけではない。現地の人が何を食べ、どうやって生きているのかに興味がある。だから、現地の人と同じものを食べ、同じような食べ方をするのだ。

それでもスペインのハモンベジョーダやロックロブスター、チリのフジツボ、ツバルの魚の生かじり、ボツワナのクドゥーのステーキなど、もう一度食べたいうまいものは1ページでは書き切れない。

わたしが好きな言葉の一つに『志は高く、目線は低く』というのがある。「鳥の目と魚の目」ではないけれど、世界をわしづかみにする歴史観と地理観をもち、一方で目線を低くして現地を歩く。あらゆるものを空理空論で整理しようとせず、現地へ飛び込み、現地を歩き、同じ飯を食い、人と話す。それが全ての旅の基本だと思っている。その基本は生き方全般に通ずる。

魑魅魍魎の世界にあって

ここまで読んでいただければ、かつてのわたしが単にアフリカに憧れ、何となく旅行に出たのではない、ということがお分かり頂けたと思う。

わたしは留学をしたことはないが、これまで165の国や地域を歩いてきた。その間の日数を合計すれば、おそらく3年くらいの月日を費やしている。3年という時間を海外で過ごしていれば、何となく海外の文化・風土というものが分かってくる。

「国益」という言葉がある。国益とは人の目に見えるものではない。けれど、国益は確実に存在し、国益という名の下に魑魅魍魎が日々うごめいている。国益を巡って時には国家間の妥協が成立し、時には武器をとることにもなる。世界には独裁制の国やご都合主義の国など、いろいろな事情を抱えた国が多々あるけれど、海外に出て国際的な感覚を身につけていくうちに「何となく彼らの主張していることはこういう背景があるのだろう」と推測できるようになってくる。

わたしは48年前、半年間の長旅を終えて分かったことが一つだけあった。

世界を評価するのに国別に判断すると間違う。

それは国による差ではない。人による差であると。どこの国にも良い人もいれば、悪い人もいる。悪い人が多い国も確かに存在するけれど、そこの国の人たちが全員悪人だということはない。したがって、国によって差別をしてはならないし、問題はいかにして良い人たちと知り合うか、だと思う。

日本人だって良い人がいれば、悪い人がいる。良い人の比率が少しは高いかもしれないけれど、良い人の比率が高ければ良い国になるかというと、そうとも限らない。でも、確実に言えるのは悪い人がトップに就くと国全体が悪くなる。かつてのナチスドイツのような例もある。

おそらく国とは、組織とは、そういうものなのであろう。国が違うから、あそこの人間は全部ダメな奴に違いないと言い切ることはできない。嫌韓とか、嫌中とか、反米とか、いずれも愚かなことである。だから、柔軟で融通無碍な態度で接して、良い奴だと思えば深く付き合うし、悪党だと見抜いたら離れるだけである。

物事には多様性があり、世界は魑魅魍魎が複雑に絡み合っている。前述したように北朝鮮だって国連加盟国なのだから、いってみれば世界は何でもありだ。北朝鮮を批判することは簡単だ。でも、それを日本人的な正義感や常識、定規でのみ判断することは実に短絡的である。

ドイツの哲学者・ヘーゲルの言葉に「存在するものは合理的である」というのがある。世界中で存在するものにはそれなりの合理性があるのだ。それだけに留まっていたのでは進歩も何も無いけど、その合理性の根幹にあるものを潰すようなことはしない方が賢い。あとは相手といかに付き合っていくか、相手の要求は何なのかを理解しないと交渉ごとはうまくいかない。リアリズムという視点が大切だ。

その意味で、日本人はあまりにもリアリズムに欠けている。

「武力が無いからバカにされる」

「日本は戦争をしないで皆と仲良くしよう、と言っているのだから何も心配ない」

「日本が一番強い。日本食が一番美味い。日本が一番美しい」

「アメリカは友達だ。仲良くしておけば、アメリカが何とかしてくれる」

こんな発想は世界から見たら笑われるだけだ。

今の日本人に必要なことは、「何があっても驚かないぞ」という気概を持って物事にあたることだ。小さな枠にとらわれた議論に酔うのではなく、世界を視野に入れた戦略を立てていかないと大間違いする。

この頃、日本では簡単に人の命を奪う事件が相次いでいる。それも子供だったり、年老いた母だったりする。人として侵してはならないラインというものがあるはずだ。ところが、今はそれを平気で飛び越え、人としてその行動は許されないだろう、と思うような事例が後を絶たない。

貧困や飢えた状態が続き、生存不能な状態まで追い込まれた人が人でなくなる瞬間はあるのかもしれない。でも、今の日本はそういう時代ではないではないか。

普通の人がこれまで生きてきて、仕事につまずいたとか、友人関係につまずいたということはあるだろう。しかし、少なくとも彼らが生存の危機にさらされて窮地に陥ったわけでもないのに、なぜそんな簡単に小さな子供やおじいちゃん、おばあちゃんを殺すことができるのだろう。これは全然理解できない。狂っているとしか考えようがない。

動物だって生存するために、お腹がすくから相手を食いちぎって食べるのであって、ライオンですらお腹が満たされていれば、横にシマウマがいても知らんぷりして寝ている。それを考えると、われわれ人間は劣化していると言わざるを得ないのだ。世界中が劣化している。だとすれば、これまで築き上げてきた文化や文明の進化とは何だったのかということになる。

経済活動をする人たちだって、会社を通じて社会に貢献するんだというビジョンを失い、金儲けをすることだけが目的になっているから、金儲けをした後に残るものが無い。社会的な地位を得た偉い人も、お金を儲けた人もそうでない人も、みな自分が何のために生きていて、何のために経済活動をしているのか分からなくなっているのではないか。

社会経験がなく、貧困や飢餓の経験もない。命がけという体験もしたことの無かったわたしが少なくともこう考えられるようになったのは、48年前のアフリカでの体験があったからだ。株主総会で総会屋排除に取り組んだ時も、近年注力している一票の格差を巡る訴訟だって、正義なきもの（＝不正義）に負けるくらいなら殺されてもいいという信念が、わたしの行動を支えている。

政治家の体たらくは今に始まった話ではないけれど、経済だってバブル以後25年間という期間を失った。誰のせいでもない。われわれ日本人自身のせいなのだ。

不祥事の絶滅はむつかしいかもしれないが、第三者委員会をも自由に操作し、調査スコープを制限しようとする企業は信頼感を回復させることはできないだろう。

今のまま誰もリスクを取らず、リスクに目をつむり、冒険をしようとしない国であれば、日本が世界から見向きもされなくなる日は想像以上に早いだろう。そんな国をわれわれは望んでいるのか。

どんなに突飛に見える行動であろうと正義に即した行動であれば、今の日本ではなかなか命までとられることはない。それなのに何を皆、逡巡しているのか。できることからでいい。まずは一歩動き出そう。とにかくやってみることが大事であり、やってみて失敗したら次を考えればいい。やらないから失敗しないなんていう人生に何の価値があるのか。

わたしたちは生きている。だったら、一度しかない人生だ。やるべきことをやり、言いたいことを言い、大いに人生を楽しもうではないか。失敗したって、何もやらないよりはずっと良い。

第七章　未来を切り拓くイノベーターへ

イノベーターとは革新者と翻訳される。人や社会の現状を徹底的に観察し、その問題点を研ぎ澄まされた感覚力で捉まえ、その解決のためには何が必要かを発見するために、執念を持って取り組み、それを事業化して、その経営を持続的に存続できるように構築する論理力の持主のことである。人や社会が求めているものを人の心理の深層や社会構造の根源にまで分け入って把握し、そこを掘り続ける事を生涯の使命とする覚悟がなければ、イノベーターにはなり得ない。

いま、日本にも、世界にも欠けているのは、こうしたイノベーターである。21世紀に入って現代人、現代社会は経済や経営だけではなく、政治、社会活動、医療、文化・芸術など様々な領域で、転換期に直面している。このような時代こそ、イノベーターの出番なのに、わが国においては次代を託すに足りる人材が見えてこない。

本書を結ぶに当たり、イノベーター待望論を敢えて展開するゆえんである。

人も企業も劣化している

何かがおかしくなっている、と思うのは人間だけではない。企業も同じだ。

２０１５年の産業界の大きなトピックスとなったのが、東芝の不適正な会計処理問題であろう。いや、東芝だけではない。東洋ゴム工業の免震装置ゴム不正問題や防振装置データねつ造事件もあったし、杭打ちデータ改ざんは旭化成建材にとどまらない。海外でもフォルクスワーゲンがディーゼルエンジン車の排ガス規制を不正に逃れていた事件が明るみになった。

なぜこの時期、大企業の不祥事が相次いでいるのか。

２０１５年は「コーポレート・ガバナンス（企業統治）元年」と言われる年だ。今年６月に閣議決定された『「日本再興戦略」改訂２０１５』においても、日本企業の稼ぐ力を向上させるため、コーポレート・ガバナンスの強化が引き続き重要な課題として位置づけられた。ところが皮肉にも、そんな年に日本を代表する企業で不祥事が相次いでいるのだ。

わたしはこれまで長く企業法務に関わってきた。１９８２年から総会屋と闘い、総会屋に利益供与する会社犯罪を撲滅した。ＮＨＫや証券会社の職員、社員によるインサイダー取引や食品事件で揺れたいくつもの食品会社やそして従業員の労働環境に問題があったゼンショーホールディングスでは第三者調査委員会の委員長などをつとめた。

これら企業に共通しているのは、「わが社の使命」を組織の全役職者が共有できていなかったということである。会社経営に最も大事であるはずのミッションをトップも現場もないがしろにしている。そう思わずにはいられない。

東芝の問題に関しては、経営陣のプレッシャーに負けて、現場の人たちが歪んだ会計処理をしてきたと言われる。

巨額の損失を10年以上にわたって隠し続けたオリンパスのような事例は今後もあるだろう。東芝のような「工事進行基準」や、部材の有償支給制度を悪用して、デタラメな決算報告をしている企業だって他にもあるかもしれない。以前もＩＨＩが同じ手法で不正会計をしていたのだから。会計監査人の責任も追及されている。

企業である以上、利益を出そうとするのは間違いではない。もっと儲けろ、もっと利益を上げろ、という雰囲気の会社は他にも沢山あるはずだ。ただ、上からプレッシャーをかけ過ぎれば下の人間はズルをする。問題は利益を上げるにしてもインチキはするな、正直な数字で出た利益でなければ価値はない、ということをトップが意識しているかどうか、である。

もっとも経営者だけが劣化するはずはない。東芝事件は日本人全体の劣化の象徴でもある。経営者はリーダーだから、リーダーが劣化している組織では、フォロワーである部下はもっと劣化しているに決まっている。それがデータ偽装であり、手抜き工事である。

トップが「チャレンジ」と号令をかけて利益が上がるならこんな楽なことはないが、現実にはそうではない。だから適正な方法で利益を向上させるための組織やシステムをトップが作らなくてはいけない。だけれども、会社の実力を見ずに、ただ、机を叩いてガンガンどなるだけというのであれば経営者の劣化と言わざるを得ない。

わたしは弁護士にとって大事なことは〝3つのY〟だと言っている。

一つは柔らかい頭。要するに、コチコチの記憶力がいいのではなく、この問題をどうやったら解決できるのかを考えられる柔らかい頭。そして、二つ目が優しい心。最後が勇気だ。

これは弁護士だけでなく、全ての世界のリーダーの生き方に当てはまるだろう。この3つのYが優れた弁護士や経営者でないと、本来はそういう立場に立ってはいけない。

経営トップに求められる要素や素質は先見性・判断力、決断力などいろいろある。だが、危機の時に求められる勇気は何よりも大事で、やるといったらやり抜く勇気がないとトップは務まらない。失敗したらいさぎよく退任する覚悟も必要だ。

不祥事を起こした企業のトップにも、「俺の力不足でごめんな、本当にみっともないよな」と消えていくトップと、そういうことを考えずに地位に執着するトップの2つのパターンがあると思う。わたしがトップの劣化と言っているのはそうした美学を失ったトップがふえていることを指している。

渋澤栄一に学ぶ資本主義の原点

わたしがコンプライアンスやガバナンスに本気で取り組むようになったのは20年ほ

ど前だった。その際、わたしは渋澤栄一の『論語と算盤』に啓発された。

世間では、論語アンド算盤、要するに金儲けと倫理というのは車の両輪である、と誤解されている。ところが、この本をよく読むと実は両輪でなく「論語を優先せよ」という。論語を徹底した経営、つまり論語という倫理をしっかり守り続ける経営による利益だけが尊いのだという話なのだ。

渋澤栄一は一度だって金勘定と倫理とを天秤にかけて測ったことは無い。だからこの本は論語アンド算盤ではない。倫理と金勘定の関係を述べている。論語を守り抜いた結果として算盤が合うのが正しい、ということが書いてある。

論語を捨て去って金儲けに走ろう、などと考える会社は駄目なのだ。「断固として論語を守り切りなさい」というのが渋澤栄一の本旨であり、論語を守りながらやっていくと、結局長い目で見れば儲かるということを教えてくれているのである。

わたしはコンプライアンスの勉強をした時、直感的に「これだ！」と感じた。コンプライアンスを守るのもいいけれど、コストがかかるし金が儲からないからほどにしよう、という考えでやっている会社は皆、駄目になっている。成功している会社は皆、正しいことをやった上で儲けを考えようとしている。倫理を前提とする経営方針を堅持した上で利益を出す方法を考えなければいけないというのが、おそらく現代流の経営学なのだと思う。

時代は違えども、渋澤栄一の考え方はいまにも通じている。昔はいい時代だったから、論語を守って突き進めば、競争相手もいなくて、楽をして、彼はガンガン儲かったというわけではない。彼はいつも何がこの国に必要かを考えて事業を興した。銀行が必要だから第一国立銀行（現みずほ銀行）をつくったし、保険会社として東京海上をつくった。株式市場や経営者の集いが必要だから東京証券取引所や東京商工会議所をつくった。国民の健康医療のために慈恵会医科大学付属病院、聖路加国際病院、日赤医療センターなどの設立にも深くかかわった。

その時代で必要なのに、それの受け皿がないから自分でつくった。それが結果的に500いくつの会社にもなってしまうのだけど、国民や市民が欲しいと思うものを見抜き、創業し、ある程度うまくいったら次の世代にどんどん渡していった。だから、彼の場合は経済活動そのものが政治活動だったと言っていいかもしれない。

その時に、「あれは儲かった」「これは儲からなかった」なんてことは一切考えない。たとえ利益がついてこなくても、国民が便利になったらそれでいいではないかと思ったのだろう。昨今、幅を利かせている利益至上主義や強欲な金融資本主義とは無縁の人であった。とにかく皆が必要だと思うものを「論語」を守り切って実現させたから成功した。わたしは同じ埼玉県出身者として、その精神を受け継ぎたいと念願している。

スティーブ・ジョブズに学ぶイノベーション

わたしの半分くらいの年頃の若手経営者を対象に講演活動をすることも多い。20代、30代の若手経営者の前で講演した時に言われるのは、彼らが困っているのは自分たちのお手本がいないということだ。ＩＰＯ（新規株式公開）に成功している会社はいっぱいあるけれど、その会社がなぜ上場まで辿り着くことができて、何を大事にした経営をしているのかよく分からないと言う。つまり、何のために業を起こすかという目標・目的が分からないということだった。

そこでわたしは、起業をするとか、新しくＩＰＯをするためにはミッションが大事であると言う。自分たちの会社にミッションが無いのに成功するのは到底無理な話で、そこが駄目なら絶対に駄目だ。だから、いくらコンプライアンスやガバナンスを工夫しても、ミッションがない、なんていう会社は、いくら儲けても長続きしない。わが社の使命とは何か。ミッションは何か、ということを考えなさい。この会社は何のため、誰のためにあるのか。そういう経営の本質を考え続けることが大事なのである。そうでなければIPOに成功したとたんに会社の生命は尽きる。

例えば、米アップル創設者の一人、スティーブ・ジョブズはまったく別の方向からアプローチをした。

消費者には自分たちが本当に欲しいものが分からない。と独特の表現を使いながら、欲しいものが分からないなら俺がつくってやるという強烈なミッションに立脚して、世の中に無かった商品をつくりだしていった。それが携帯音楽プレーヤー『iPod』であり、スマートフォン『iPhone』であり、タブレット端末『iPad』である。

こうした製品が世に誕生した時、世界中の人々は興奮した。「そうか、わたしが欲しかったのはこれなんだ」と言って、皆が飛びついた。今では大半の人たちが当たり前のようにスマートフォンを持ち歩く時代になった。消費者が自分でこういうものが欲しいと思ったわけでもない。商品開発アンケートに答えたわけでもない。ジョブスは命がけで誰も考えたことのない製品づくりに取り組み、まさしく世界を驚かせた。これこそがイノベーションというものである。そういう気概や根性というものを感じられる、今の経営者はまことに少ない。

グーグルだってアマゾンだって、世界のプラットホームはそうやって作られてきた。

かつてのベンチャーで、今では世界中で活躍する企業に育った日本企業は数多い。東京通信工業（現ソニー）や松下電器産業（現パナソニック）、ホンダ、京セラ、オムロンなど、立派な企業の根っこには必ず強靱なミッションがある。

例えば、ソニー創業者の一人、井深大さんが設立趣意書に記した「自由闊達にして愉快なる理想工場の建設」という言葉はあまりにも有名である。わが社は何がしたくてこの会社を設立したのかがミッションである。成功する会社の社是には決してＩＰＯをして金を儲けようとか、人や社会を騙しても自社さえ良ければそれでいいなんて書いていない。

だから、本当に大事なことはミッションなのである。若くても年老いても、それを忘れたらイノベーターではない。

エピローグ

かくして半年に及ぶわたしのユーラシア・アフリカの旅物語は終了した。

お楽しみいただけただろうか。

若い方々なら、「あんたは良い時代に生まれたよ。今は違う」と思われるかも知れない。

しかし、この旅は、バックパッカーの元祖として有名な沢木耕太郎氏の『深夜特急』が刊行された1986年より18年以上、前の話である。沢木耕太郎氏が旅した1973年より遡ること5年、1ドルが360円で、海外持ち出し外貨が500ドルに制限されていた。

今と違って、『地球の歩き方』のような本もなく、インターネットで旅行情報が手軽に入手できるわけでもなかった。東アフリカの共通語スワヒリの教科書は英語のガイドブック一冊だった。

海外に出られるのは、留学か、商社員の海外駐在、もしくは有名人の国際会議への参加くらいしか考えられず、そんな時代に旅行者としてアフリカやインドに行くのは、クレイジーか夢想家の所行と思われていた。

だから、父は「そんなバカなことを」と、中止を望み、母は「面白そうね」と空想を拡げた。

世界から隔絶されたこの小さな島国から出たこともなく、司法試験に受かっただけの、子供のような弁護士に、何が分かるのか、何ができるのか。

夢や酔狂な企てではなく、わたしが真っ当な大人になるにはこの旅は必然であった。

この経験から、わたしの人生哲学は

「行ってみなけりゃ分からない」

「やってみなけりゃ分からない」

「やる以上は命がけでやれ」となった。

当然、リスクを見極め、無謀な賭は、避けるが、取れるリスクと取るべきリスクはテイクする。

やりたいことや行きたいところを諦めるのは、自分の成長の機会を放棄することだからだ。それができるようになったのは、世界を半周したこの旅のおかげである。旅の手帳を読み直してみたら、最後のページにこの旅から得た教訓が書かれていた。

1.『事は急げ！　見るべきものはすぐに見よ！　欲しいと思ったらすぐに買え。チャンスは二度ない』

その通りだ。今、振り返っても、アジャンタの後で見ようと思った、エローラはついに行けずじまいだった。後で制帽をくれると言ったスーダンの警官には逃げられた。今でも忘れないくらい綺麗なライトブルーだったのに。

2.『万事、塞翁が馬！　良いと思ったことが悪い結果になり、悪いと思ったら、それが良いことにつながる。全ては心持ち一つ』

たしかに、カッサラでの満天の星の下での映画鑑賞やスーダン人達におごってもらった駱駝のくるぶしシチューのご馳走は、バスは運行を停止し、タクシーにも陸路入国を断られ、おまけに飛行機が1週間後にしか飛ばないというアクシデントのおかげだった。人生は「起承転々」なのである。「結」が来るのは、死んだときだ。

3.『全力で取り組め！　それで全て上手く行くわけではないが、とんでもない結果にもならない』

要するに、自分を信じてまっすぐに生きることだ。人は簡単に死ぬこともあれば、しぶとく生き抜くこともある。ナイル河畔で、わたしのあげた抗生物質で生き延びた赤ちゃんもいれば、ナイル川から浮かび上がらなかった青年もいた。「運を天に任せる」事とも少し違う。「人事を尽くして天命を待つ」と言うべきなのだろう。本気でやり抜く覚悟だけが頼りだ。佐藤一斎が「暗夜を憂うること勿れ、只一燈を頼め」と言うのもこのことだろう。

これらは、23歳のつたない若者が必死で挑んだ世界一人旅で掴んだ総括である。正しいかどうかは別にして、わたし自身を振り返ると、この旅で自ら学んだ教訓をその後50年近く守り続けてきたような気がする。

この旅の主人公であるわたしはその後、司法修習生を経て、弁護士となり、経験45年のベテランとなった。71歳の今日まで、数多くの著名事件に関わり、直近のニウエを加えて世界166の国をめぐった。海外滞在日数は延べ3年になろう。おかげであらゆる事象を地理と歴史の枠組みで判断することが習性となった。

最後に読者にも心配をおかけした、経済問題である。父親に担保として預けた株式はどうなったのか、である。

出発直前に仕込んだカーステレオメーカー「帝国電波」（その後、クラリオンに社名変更）は帰国時には暴騰しており、その売却益だけで旅行費用の大半を賄うことができた。この旅は究極の「無銭旅行」となったのである。

最後の最後までお読みいただいた、皆様に心から感謝するとともに、この本を、世の中に送り出すことに渾身の努力をいただいた、株式会社「財界研究所」村田博文社長、編集部の松村聡一郎氏と畑山崇浩氏に御礼申し上げる次第である。

2016年1月吉日

久保利　英明

【著者略歴】**久保利 英明　くぼり・ひであき**
（日比谷パーク法律事務所代表・弁護士）
1944年埼玉県生まれ。67年９月東京大学法学部４年在学中に司法試験合格。68年東京大学法学部卒業後、68年４月～９月ユーラシア・アフリカ放浪。71年４月弁護士登録、森綜合法律事務所に入所。89年第二東京弁護士会副会長、98年日比谷パーク法律事務所開設。2001年度第二東京弁護士会会長、日本弁護士連合会副会長。04年～15年大宮法科大学院大学教授。09年より一人一票実現国民会議共同代表（現任）。15年より桐蔭法科大学院教授（現任）。ＮＰＯ法人エンタテインメント・ロイヤーズ・ネットワーク理事長（現任）、日本取引所グループ社外取締役（現任）。野村ホールディングス社外取締役歴任（2001年～ 2011年）
●世界166カ国歴訪
●単著・共著・編著をあわせて本書を以って年令と同じ71冊の著作
●近著：『日本改造計画』（2013年）商事法務、『弁護士たった３万5000人で法治国家ですか』（2015年）I.L.S.

未来を切り拓く若者たちへ
志は高く　目線は低く

2016年2月24日　第1版第1刷発行

著者　久保利 英明
発行者　村田博文
発行所　株式会社財界研究所
［住所］〒100-0014　東京都千代田区永田町2-14-3
東急不動産赤坂ビル11階
［電話］03-3581-6771
［ファックス］03-3581-6777
［URL］http://www.zaikai.jp/

印刷・製本　凸版印刷株式会社

ISBN 978-4-87932-113-8
定価はカバーに印刷してあります。